俳句で学ぶ唯識超入門

わが心の構造

多川俊映
Shun-ei Tagawa

春秋社

まえがき

仏教はよく「心の宗教」だといわれます。たしかに、創唱者釈尊《しゃくそん》の法話を髣髴させるといわれる初期経典の『ダンマパダ』の冒頭、いみじくも、

ものごとは心にもとづき、
心を主とし、心によってつくり出される。
もしも汚《けが》れた心で話したり行なったりするならば、
苦しみはその人につき従う。
――車をひく（牛の）足跡に車輪がついて行くように。

ものごとは心にもとづき、
心を主とし、心によってつくり出される。
もしも清らかな心で話したり行なったりするならば、

福楽はその人につき従う。
——影がそのからだから離れないように。（中村 元／訳）

と、述べられていますし、同じく『スッタニパータ』にも、愛著《あいじゃく》と憎悪また高ぶりや隠し立てといった心のはたらきが、いろいろと取り上げられています。そして、仏教の大きな枠組みというか方向性は「汚れた心から清らかな心へ」ですから、そもそも心についての関心が高いのです。

そうした唯心的傾向をいっそう先鋭化し体系化したのが、「唯識《ゆいしき》」とよばれる大乗仏教です。唯識仏教の特質を端的にいえば、あらゆることがらをすべて心の要素に還元し、心の問題として考えようとする立場です。

こうした唯識という仏教思想は西暦五世紀頃、インドの無著《むじゃく》と世親《せしん》という二人の学僧によって大成され、主に玄奘《げんじょう》三蔵によって唐時代の中国にもたらされました。そして、それが、唐に留学していた日本人僧や新羅の学僧たちによって、七～八世紀にかけて日本に導入されました。以来、奈良の興福寺や薬師寺また法隆寺を中心に学修され、こんにちに伝承されています。

唯識の考え方は、仏教宗派としては法相《ほっそう》宗の教義ですが、古来、仏教の基礎学として広く学ばれる一方、近年は、一般の方々にも興味をもたれるようになりました。それは、私たちの社会が「心の時代」といわれ、また、いわゆる情報社会になっているからだと思われます。

「唯識（ただ識のみなり）」とは、要約すれば、私たちはわが心のはたらきによって知られたかぎりの世界に住んでいるということです。そして、その心のはたらきによって知られたところのものとは、要するに、情報に他なりません。私たちが「これぞ現実」と確信していることも、実にそうした情報によってつくり上げられたものにすぎないのです。

こうした唯識の考え方を学べば、ものの見方も人をみる目も、いままでとは大きく異なったものになるでしょうし、いままでの自画像とは違う自分に出会えるに違いありません。

ただ、唯識仏教は、阿頼耶識《あらやしき》という心の深層領域を中心にして、それをめぐるさまざまな心のメカニズムを耳慣れない用語で説明しますので、一般に、難解な代物とみられています。

そこで、著者は一九八九年、日常生活者の目線で、唯識の平易な入門書『唯識十章』（春秋社）を刊行。その後『はじめての唯識』との改題を経て、二〇一三年に『唯識入門』と再び改題・増補し、幸い版を重ねて現在に至っています。「最適の入門書」との評価も得ていますが、それでも難しいとの声を耳にします。

そこで今回その姉妹編として、俳句などの短詩型文学の作品を援用、そのイメージや感性の下、私たちの心のありようを平易に素描してみました。私たちに親しい五七調の短詩を材料にした唯識随想――、そんな読み物として手にとっていただき、少しでも唯識の考え方に親しんでいただければ、うれしく思います。

取り上げました俳句や短歌などの作者の皆さまには、心から感謝申し上げます。著者はこうした短詩型文学には素人ですので、その解釈が、作者にとってトンデモナイ誤読という場合もあるかもしれません。その節は、発表したものはやはり独り歩きすると思し召して、ご海容いただければ幸いです。

なお、本書の刊行にさいし、春秋社社長の神田明さん、編集の佐藤清靖さん、柳澤友里亜さんに何かとお世話になりました。深謝です。

二〇二一年四月十日（COVID－19新型コロナウイルス禍、未だ去りやらぬ日）

多川 俊映

俳句で学ぶ唯識　超入門——わが心の構造

目次

まえがき　i

I　わが表面心——五識と意識

Ⅱ　わが深層心——末那識と阿頼耶識　115

Ⅲ　求める心——分別をこえて　189

俳句で学ぶ唯識　超入門——わが心の構造

I　わが表面心——五識と意識

第一話　四温なりお茶の熱さが違う夜

永　六輔

私たちは、この宇宙空間というか大自然の中に生を享《う》け、そして、その中で展開されるそれぞれの地域社会に暮らしています。

その生を享けたものたちを、仏教では「衆生《しゅじょう》」といいます。ふつう、「生きとし生けるもの」と現代語訳されますが、端的には「いのちあるものたち」です。

もとより人類というか私たち人間もその中に入りますが、衆生の語は、人類を頂点としたヒエラルキーではなく、いのちあるものたちを同じ地平で捉える考え方です。平たくいえば、いのちあるものは皆同じ、ということですが、いのちを生きるということは同じであっても、生存の形態が違えば、当然、ものごと・ことがらの理解も違ってきます。そして、理解が違えば、それらにどう立ち向かうのかも、おのずから違ってきます。

私たち人間でいえば、近年なにかにつけ同質性が語られますが、卑近な例でいえば、世代が同じだとか・同じ時代に生活すれば、おのずと同じような感慨を持ちます。しかし、そうでありながら、同じものごと・同じことがらであっても、それをどう感じ・どのように受け止めるかは、まさに人それぞれです。

そうした日常を、大同小異・人みな同じと一まとめに括《くく》るのか、あるいはそうではなく、私たちが生活している社会とは、さまざまな相異の上に成り立っていると捉えるのかで、かなり違った人間観・世界観に導かれるのではないかと思います。

これから学ぼうとする唯識仏教は、人みな個性的な存在とみる立場で、人それぞれ見ている世界もおのずから違うのだと考えます。そしてまた、同じことがらでも、その個人をとりまく状況しだいで、受けとめ方も変わるわけです。

第一話のタイトルに出しました俳句は、そうした感じ方や受けとめ方の異なりを、日常的に喫するお茶の熱さの違いで象徴的に表しています。四温とはいうまでもなく三寒四温の四温で、「冬の寒さが三日続くと次の四日間は暖かいこと」です（『合本 俳句歳時記』角川書店編）。昨日まで続いた寒さがウソのような暖かい日の一夜――、同じように淹《い》れたお茶なのに、なんだか熱く感じる。その熱いお茶に、作者は冬から春への季節の移りゆきを感じているのでしょうが、それはともかく、同じように淹れた（つまり、同じように熱い）お茶が、ちょうどよかったり・熱く感じたりするのは、三寒四温という外気の変化とその中で暮らす私たちの感覚というか受けとめ方によるわけで、熱いお茶といっても、常に同じように熱いお茶なのではない。つまり、ふだん何気なく「同じもの」「同じことがら」と思っていても、日によっても微妙に違って感じられるので、そう簡単に十把一からげにはできない。いつものお茶が今夜はなんだか熱く感じられる……、そんなところからも、おおげさなようですが、大自然の中に暮らし、はたまた、そのなかの地域社会で生活する私たち一人ひとりの感覚や意識、総じて心のありようによって、ものごとやことがらの、その人なりの意味・感慨が決まるのだということを、まず最初に押えておきたいと思います。

　こうしたことをもう一つ、井戸水を例に取り上げておきましょうか。井戸水は冬温かく・夏冷たく感じられていいものです。一般家庭では、井戸はもう馴染みがないものかもしれませんが、お寺やお社《やしろ》では今もたいてい井戸の一本や二本はあり、重宝されています。冬の水仕事は温かくて楽ですし、他方、夏は西瓜を冷やせばちょうど頃合いの冷え具合で、西瓜も格段に甘く感じられます。もちろん、井戸水そのものに冷暖の変化があるわけでなく、外気の影響を受けない地下水なので、温度は年中一定です。つまり、その一定だからこそ、冬は外気が冷たいので温かく感じられ、夏は外気が暑いので冷たく感じられるわけです。言ってしまえば、ただそれだけのことですが、私たちのまわりにはこうしたことが山ほどあります。同じものを違うと感じたり、違うのに同じと思ったりしながら、何気なく日常を過ごしている——。そういうのが、私たちの日常生活の断面です。

ところで、同じ永六輔さんの句に、

新茶ですがと古いお茶を出してみる

というのがあります。ちょっと人が悪いですね。しかし、唯識ということを考える場合、この句もなかなか興味深いです。季節が初夏ともなると、全国のお茶の産地から新茶出来《しゅったい》のニュースが伝えられ、私たちは、新茶特有の香りと口中に広がるその味わいに、朝のひととき大いに心が和みます。心が静かにそして穏やかになれば、まさに「朝茶はその日の難逃れ」。そんなことわざも一層心に沁みます。そうしたまずは見紛うはずもない新茶ですが、ちょっとからかってやろうと思ったのでしょうか、古いお茶なのに、——新茶ですが……。と、それらしく出してみたというのです。出されたX氏、あるいは、なんでも知ったかぶりする人なのかも知れません。それで、ちょっと試してやろうと思ったのかどうか、とにかく古いお茶を新茶だと偽って出したのです。

一方、新茶ならぬ古いお茶を出されたX氏の反応は、一言も触れられていません。そこがこの句の面白いところだと思いますが、——新茶じゃないよ、これ。と、X氏が見破ったのではなく、おそらく句作者の計略にまんまとひっかかったのではないでしょうか。ただ、そのあと、ホンモノの新茶が出てきて、一堂大笑い……。そういうふうに想像しておきましょうか。しかし、いずれであれ、事前に「新茶ですよ」と何気なく言い含められたら、誰だって、これから新茶が飲めると思うでしょう。そう思った瞬間、X氏はもう新茶という世界の住人で、たとえ一口飲んで違和感を感じても、X氏の心（第六意識、後述します）が「上等でない新茶」とでも感覚を修正するのではないかと思います。

これもある種の情報操作ですが、人の世だから、こうしたことはいくらもあります。たとえば、ここに掲げたような白黒二色で示された図形があります。有名な「ルビンの壺」といわれるもので、白地の図形（壺）も、背景の黒地を意識すると、たちまち向き合う二人の横顔になります。

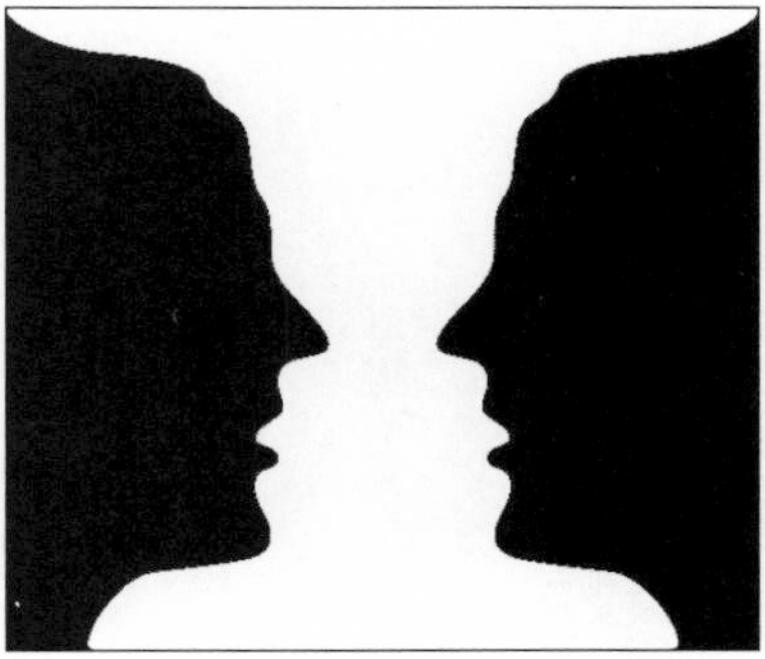

ルビンの壺

しかし、この図形を示す前に、さりげなく黒にかかわる話題を振っておけば、ほとんどの人はこれを一見して、二人の向き合う横顔の図形だというでしょう。――他に何か見えますか。と、質《ただ》しても、黒地ばかりを意識しているかぎり、他に何もみえず、そうした人にとっては、壺の図形は存在しないのです。ちょっとその意識というか視点をずらしてみると、「目から鱗（が落ちる）」で、今までみえなかったものがみえてくるのですが、私たちは、そのちょっとしたことがなかなかできないのですねえ。

また、いわゆる事前学習というのも、考えてみれば、なかなかクセモノです。予備知識をどの程度仕入れておくか、染まらぬほどに知識を仕込んでおくのは大事なことですが、これは意外に難しい。世の中のものごとやことがらを、仕入れた予備知識の枠組みで眺めれば、ある種の理解がともかくも得られます。が、その理解はあくまでその枠組みという視野のなかで得られたもので、事実や真相にどれほど迫っているのかということは、また別の問題です。

この点、ジャーナリズムの要諦は、専門性とアマチュアリズムの兼ね合いだといわれます。これはつまり、さまざまな世の中のことがらを専門的な視点から眺めつつ、他方で、アマチュアリズムの自由で素朴な視線で見直してみる、ということでしょう。こうした複眼的なものの見方は、ジャーナリズムの現場のみならず、否むしろ、私たちの日常生活にこそ必要ですが、一たび組み立てられた枠組みから離れて、また新たな別の角度から、そのことがらを見つめるのは、なかなか容易なことではありません。

この、事実とか真相ということについて、尾崎放哉の句に、

事実といふ事話しあつてる柿がころがつてゐる

というのがあります。放哉が誰かと、事実ということについてあれこれ述べ合っています。が、語れば語るほど、事実ということからなんだか乖離していくような気がする。そんな時です、

土間かどこかに柿がころがっているのが、ふと目に入った。その瞬間、——（事実とは）これだッ。と、放哉の納得が、ここに極まったのだと思います。この瞬間、放哉にとって事実とは、柿が（土間に）ころがっているそのことを措いて他になく、それ以上でも以下でもなかったのです。

しかし、私たちの日常生活では、そういう事実の上に、あるいは、そうした事実をめぐって、さまざまにその人なりの思惑を絡めていく——。そしてそこに、まさに私たち一人ひとりの、その人なりの生きるさまが立ち顕われてくるわけです。

ところで、「柿がころがっている」という認知ですが、先ずは視覚のはたらきでしょう。視覚などの感覚については、仏教も現代の私たちの常識もほぼ同じで、総じて五感覚。唯識仏教では、これら五つの感覚を「前五識《ぜんごしき》」と総称して、次のように示します。

眼識《げんしき》（視覚）
耳識《にしき》（聴覚）
鼻識《びしき》（嗅覚）
舌識《ぜっしき》（味覚）
身識《しんしき》（触覚）

これら五つの識（感覚）のはたらきは、現量《げんりょう》といって、対象をただそのままに知る――。そして、現在その場かぎりの認知です。いまの句でいえば、柿がそこにころがっており、かつ、それを放哉が見ているかぎりのものです。

そして、眼識は、ただそのものの「イロとカタチとを知る」だけです。つまり、それが「柿」という果物である」とコトバで表現されるような認識ではないということです。ただただ「そのようなイロとカタチをしたもの」と知るだけです。それもたとえば「熟した濃黄色」という認知でもなく、また、「けっこう大きい」などという認知でもありません。つまり、柿という果物であるとか、あるいは、色はどうとか・大きさはどれほどだとか、そういうコトバによる認知ではなく、ただ純粋にそのもののイロとカタチとを認める――。それが前五識の眼識のはたらきです。

そして、目の前にころがっているそれが「柿」という果物だ、ぐらいのコトバによる認識はあるとしても、そういうのがほぼ、この場合の「事実」だと思います。そういう事実認識の主体ですが、それが眼識と共にはたらく第六意識（意識は、前五識の次に取り上げますので、第六）です。

第六意識はいわゆる知・情・意の広範囲にわたる心作用で、私たちがふつう「心」と考えているものに相当します。したがって、事実認識に留まらず、否むしろ進んで、その「事実」をめぐってさまざまに心をはたらかせます。

目の前に展開する事実が、現在の自分にとって好都合であれば、それを我がものにしたいと欲望を掻き立てたり・その状態が長続きしますようにと祈ったりするでしょうし、不都合なものならば、——そんなものは要らない。と思い、その時の気分しだいで、ひどく毛嫌いするかもしれません。あるいは、——今は不都合だが、後で役に立ちそうだ。と、思い至れば、グッと堪えてしばらく様子眺めの仕儀ともなるでしょう。

などなど、第六意識はさまざまな心のはたらきをしますので、「広縁《こうえん》の識」といわれます（この場合の「縁」は、認識作用の意味です）。眼識など前五識のようにただ現在だけでなく、過去をふり返ったり・未来を想像してさまざまに分別しますし、当然また、誤認することもあります。

いままでお話してきました前五識と第六意識は、心の表層のはたらきで、いわば表面心といってよいものです。それこそ日常生活というい のちを生きる現場の、それも最前線で作用する心のはたらきです。

しかし、唯識仏教では、私たちの心はそればかりではなく、そうした表面心の裏側・意識下でうごめく自己中心性というか自己愛のはたらき（これを、第七末那識《まなしき》といいます）を考え、また、すべての心のはたらきを根底から支える大本《おおもと》の心（これを、第八阿頼耶識《あらやしき》といいます）を想定しています。つまり、私たちの心は、前五識と第六意識の表面心と、深層心の第七末那識と第八阿頼耶識という八識《はっしき》の重層構造だというのです。

前五識《ぜんごしき》
第六意識《だいろくいしき》　表面心

第七末那識《だいななまなしき》
第八阿頼耶識《だいはちあらやしき》　深層心

唯識仏教がこうした心の構造とそのはたらきに深くかかわろうとするのは、まさに「唯識（ただ識のみなり）」と説いて、あらゆることがらを心の要素に還元し、どこまでも心の問題として考えていこうとする仏教だからです。

そして、「あらゆることがら」ですから、私たちの肉体や自然といった常識的には物質であるものをも、心の要素というか心的なことがらとして考えています。以下追い追い、そんな唯識が示す心の構造とそのはたらきについて学んでいきたいと思います。

さて、発端の第一話の最後は、日本大衆文学の草分けの一人・平山蘆江《ろこう》の、

　　同じ心が同じ月を今日から見直す別れ際

を取り上げたいと思います。もとより、これは俳句ではなく都々逸です。作者自身は「街歌」と称していたようですが、それはともかく、これも唯識ということを考えるよい材料かと思います。場面は、男女の仲も冷めて今日という日の別れ際です。「同じ心が見直す」とはいえ、もはや同じ景色もなにやら違います。事態ここに極まっても、まだ相手に未練があるのかどうかで、あるいは、きれいさっぱりせいせいしているのかどうかで、昨日までの同じ月も、違って見える――。

見る側の気分が見る対象に投影するので、常識的にもそうなるわけですが、これも第二話でお話しますように「田毎《たごと》の月」。私たち一人ひとりの心のありようによって、見る対象の見える内容が決まるのです。ふつう、何かを見るというのは、主観（内なる心）が客体（いまの場合、外に実在する月）を見るわけですが、唯識はすべてを心の要素に還元して考える立場ですから、認識対象の月も心中のものです。

つまり、私たちの認識の対象は外界にある月そのものではなく、心に思い浮べたものを直接の認識対象にしていると考えます。そうした認識対象を「相分《そうぶん》」とか「影像《ようぞう》」といい、その相分ないし影像に、見るはたらきの「見分《けんぶん》」が作用して、認識が成立すると考えます。見分はいうまでもなく心中のはたらきです。

もう少しだけ述べると、認識作用の生起していない心を「自体分《じたいぶん》」とし、その自体分の心が「見分」と「相分」という二つの領域に転変し、同時に、見分が相分を認める――。それが、唯識が考える認識の成立です。

自体分《じたいぶん》
├ 見分《けんぶん》
└ 相分《そうぶん》（影像《ようぞう》）

一般的な投影の考え方は、認識対象に自分の思いや感情を投げ込んで、その上で、月なら月を見、それなりの認知におよぶのですが、唯識の相分・見分の考え方はそうではなく、認識の対象そのものを心の要素に還元していて、まさに「唯識」なのです。

と、ここまで、一気にいろんなことを申し上げたので、ちょっと面食らったかもしれませんね。次回以降、もう少し分かりやすくお話していきたいと思います。

第二話　目には青葉山郭公《やまほととぎす》初鰹《はつがつお》　山口素堂

この句を初めて教わったのは、中学か高校の国語の授業だったでしょうか。もう忘れましたが、正直にいって、――この句のどこがいいんだろう、青葉・山郭公・初鰹という三つの言葉をただ羅列しているだけだし……。と、いうのが最初の感想でした。

それに、五・七・五の定型といいながら、初句からして「目には青葉」と破調です。と、思っていたからでしょうか、「目に青葉」と間違って憶えていました。しかし、だんだん歳を重ねて、初夏の季節を迎えるたびに、この句がおのずから口をついて出てくるようになりました。それで、いつだったか「歳時記」に目を凝らせば、なんと正しくは「目には青葉」ではないですか。間違えて憶えていたことが恥しくなりましたが、同時に、なるほど「目に青葉」でなく、「目には青葉」の破調こそこの句をインパクトのあるものにしているのだな、と感じ入りました。

先の第一話の後半では、尾崎放哉の句を取り上げ、「事実」ということに触れつつ、前五識や第六意識のことを少し学びました。この第二話は、その続きです。

ここに掲げた素堂の句の初句は、「目には青葉」。目ですから、五感覚でいえば視覚のはたらきとその対象、唯識仏教の前五識でいえば、眼識とその対象が取り上げられています。そして、その伝でいえば、二句は聴覚（耳識）、三句は嗅覚と味覚（鼻識と舌識）のはたらきとその対象です。つまり、目（眼）・耳・鼻・舌……という順序になっています。

こんなことを大仰に指摘すれば、――それがどうした。と、いわれそうですが、実は古来、仏教が踏襲してきた順序でもあるのです。というか、この後に表示する六識《ろくしき》・六境《ろっきょう》・六根《ろっこん》（の十八項目）なども、仏教の創唱者釈尊の考えに由来するといわれますから、こうした順序も、およそ二千五百年といわれる仏教の歴史と伝統に根ざしたものです。

さて、第一話で、私たちの心の構造とそのはたらきについて、唯識仏教の八識説《はっしきせつ》を簡単に紹介しておきましたが、唯識説が唱えられ・体系化された西暦四、五世紀以前の仏教では、心の問題はもっぱら六識によって考えられていました。その六識とは眼識・耳識・鼻識・舌識・身識と意識で、仏教では常に、この「眼《げん》・耳《に》・鼻《び》・舌《ぜっ》・身《しん》・意《い》」の順序で示すことになっています。

そして、のちに唯識仏教で唱えられる八識説も、六識の部分はこの順序です。そうした六識とその対象（六境）、そして、その器官（六根）を表示すれば、次のようになります。

（六識）		（六境）		（六根）
眼《げん》識《しき》	—	色《しき》境《きょう》	—	眼《げん》根《こん》
耳《に》識《しき》	—	声《しょう》境《きょう》	—	耳《に》根《こん》
鼻《び》識《しき》	—	香《こう》境《きょう》	—	鼻《び》根《こん》
舌《ぜつ》識《しき》	—	味《み》境《きょう》	—	舌《ぜつ》根《こん》
身《しん》識《しき》	—	触《そく》境《きょう》	—	身《しん》根《こん》
意《い》識《しき》	—	法《ほう》境《きょう》	—	意《い》根《こん》

この表は、これら根《こん》・境《きょう》・識《しき》の相互接触によって、いわゆる認識が生起することを示しています。このなか、身根は触覚の感官ですから、からだのすべての部位にほぼ遍在しているものでしょう。また、意識の対象である「法」とは、ものごと・ことがらのことです。たとえば、私たちが身近な友人知人のことを思えば、あるいは、かつて読んだ小説の一場面を思い起せば、その友人知人のことや小説の一場面が、第六意識の対象たる「法」の中身になります。このように、第六意識の対象は前五識のように限定的でなく、まさに「一切法」、あらゆることがらを対象にしてはたらくことができるのです。

たとえば、かの良寛さんは、その一隅にいて大宇宙を、

あわ雪の中に顕《た》ちたる三千大千世界《みちおほち》　またその中に沫雪《あわゆき》ぞ降る

と歌い、博物学者の南方熊楠《みなかたくまぐす》（一八六七～一九四一）は、――無尽無究の大宇宙の大宇宙のまだ大宇宙を包蔵する大宇宙。と、述べました。第六意識の認識はこのように果てしなく、まさに「広縁の識」といわれるゆえんです。もとより、こうした空間ばかりでなく時間的にも、現在はいうにおよばず過去に遡って自己の行動を省みたり、あるいは、未来を推測して、こんにちただいまの自己をコントロールすることもできます。これらはみな、第六意識のはたらきです。

なお、意根とは仮に立てた名称で、むろん、眼根や耳根のような具体的な器官があるわけではありません。ただ眼識ないし身識にそれぞれ根があるので、意識にも、それに相当する意根なるものを仮定して形を整えたという寸法です。ただし、昨今進展著しい脳科学の知見を援用すれば、さしずめ脳神経が意根ということになるのかと思います。

すでに第一話で述べましたように、眼・耳・鼻・舌・身の前五識は、現前にある対象そのものをただ現在において認知するだけで、しかもコトバというものをそこに介在させません。たとえば、眼識の対象は色境（色という対象）ですが、その色とは、ただイロそのものとカタチ

そのもので、初句の場合、眼識によって認知された木々の青葉の、そのイロと形状そのものです。二句は、山郭公（の鳴く声）ですから耳識のはたらきで、その対象は声境（声という対象）です。これもむろん、山郭公の鳴き声（音声）そのものにとどまります。そして最後の初鰹は、香りと味ですから鼻識と舌識の対象で、これもその味そのもの・香りそのものの認知に過ぎません。

しかし、これら眼識や耳識あるいは鼻・舌の二識と共に、言語と密接な意識（第六意識）が生起し、素堂はコトバを駆使しつつさまざまに思いめぐらし、ついに初夏を鷲づかみにするような名句をものにしたわけです。

おそらく素堂の第六意識は、もっと広く五感で感じ取られたさまざまな初夏の情報にかかわっていたのではないかと思います。しかし、そうした中から最終的に、「青葉」と「山郭公」そして「初鰹」を選んだのだと思います。あるいは、「目には青葉……」と一瞬のうちに吟じ了えた句なのかもしれません。が、一瞬にして得た句であれ推敲を重ねた末のものであれ、句作者の第六意識のはたらきに違いありません。それに、たとえ一瞬であったとしても、その背後にはそれまでの長い研鑽があるわけです。

ちなみに、二句の山郭公ですが、その鳴き声は古来ユニークなものとしてさまざまな文芸作品、殊に和歌ではよく取り上げられています。鳴き声が世上「てっぺんかけたか」と聞こえるというのですが、私の耳にはどうしても「とっきょきょかきょく（特許許可局）」にしか聞こえませんが、いずれにせよ、その甲高い鳴き声は印象的です。

この点、興福寺第三十世別当の永縁《ようえん》権僧正（一〇四八〜一一二五）の和歌が、ちょっと有名です。永縁は唯識仏教のすぐれた学匠でしたが、また和歌をよくし、一般的には和歌の世界で知られた人です。代表作は『金葉和歌集』に収められる、

聞くたびにめづらしければ郭公　いつもはつねのここちこそすれ

で、そこから「初音《はつね》の僧正」の雅称を得ました。唯識的にいえば、この作歌も耳識と共に（第六）意識がはたらいて、永縁はこの一首を得たということになりましょう。

耳識は郭公の鳴き声そのままを認知するだけですが、永縁の第六意識はいままで何度も聞いた郭公の鳴き声を思い起こし、その経験を本《もと》に、――その鳴き声はホントに特徴のあるもの。何度聞いても、初めて聞くような気持ちになりますね……。と、この一首を得たのです。

とにかくこのように、私たちの認識は、これら六つの根・境・識の相互接触によって成立するのですが、ここで、第一話の最後に述べておいた、「相分《そうぶん》（影像《ようぞう》）」と「見分《けんぶん》」のことも思い出していただきたいと思います。

唯識仏教は、すべてを心の要素に還元して考えるというか、すべてを心の中だけで考えます

ので、認識の対象である「境」も実に、外界にあるものではないのです。素堂のこの句でいえば、眼識の対象（色境）である青葉も、耳識の対象（声境）である山郭公の鳴き声も、そして、鼻識と舌識の対象（香境と味境）の初鰹も、外界に実在するそのものではなく、青葉なら、あくまでも眼識という心的なものの上に思い浮べられた影像（相分）です。そうした相分を、見分が認めるわけです。

眼識のみならず、耳識・鼻識・舌識・身識も、そして第六意識の認識も、すべてこれと同じです。人みな個性的、というのが唯識の人間観ですが、感覚の前五識がその心の上に思い浮べる相分と見分からして、人みな違うわけです。第六意識にいたっては、問題意識の有無や濃淡、あるいは、好みの違いなども考慮に入れなければいけません。

私たちは日常、「同じものをみている」とか「みているものは同じだ」などと簡単に言ってのけますが、一人ひとりの対象それ自体がすでに、時に微妙に・時に大きく相異しているわけです。与謝蕪村の句に「田毎《たごと》の月」という語がありますが、段々畑に耕作された一枚一枚の水田の田面《たおも》こそ、このさい、他ならぬ私たち一人ひとりの心でしょう。そして、そのそれぞれの田面つまり心の上に映じた相分の月をみている。決して月それ自体を客観的に、あるいは、直接みているのではない。しかし、それにしても、私たちの認識対象の相分をまた「影像」と称するのは、いかにも言い得て妙です。

ところで、六識のなか、感覚である前五識の認識ですが、人という生存形態に与えられた能力の限界というのもありますし、同時に、私たち一人ひとりの個体的条件も違います。眼識についていえば、私たちの周りにはさまざまな光線があるといわれていますが、私たちがじっさいこの目で見ることができるのはかなり限定的で、紫外線と赤外線の内側の可視光を見ているに過ぎません。聴覚の耳識もそうで、私たちが聴き取ることができる音域は限られていますし、その上、音に対する感受性も人によって違います。また、健康を損ねている場合は、その感覚能力は著しく低下して、なにかと視聴に不便をきたします。

たとえば、X・Y・Zの三氏が同じバロック音楽の演奏を聴いて、――佳い演奏だった。と、同じような感想を述べたとしても、厳密にいえば、三者三様みな違う音楽の世界にいたのだと思います。三人それぞれの耳識という心の上に浮べた相分がそもそも違うでしょうし、さらにその相分を認知する見分の能力の違いもあります。感覚だけでも相異するのですから、そこに第六意識が加われば、鑑賞内容の違いは小さくはありません。

この三人のなか、Y氏が長年にわたりバロック音楽に親しんできたのであれば、その蘊蓄を傾けた鑑賞はきっと深いものがあるでしょう。が、しょっちゅう聴いているだけに気の緩みが出て、今回は新鮮味に欠けた鑑賞にとどまったかもしれません。一方、その日が「はじめてのバロック」であったX氏、しかも抜群の耳のよさを発揮して、実に素直な感動をおぼえました。残るは、Z氏――。この人が、たとえば邦楽の奏者であれば、和の音楽世界と西洋の音の世界の差異に、専門的な興味をおぼえた……。と、いったような成り行きは、まさに三者三様です。

こうした相異性、あるいは、相互の異質性を本《もと》に人間関係を論じたり・築いたりすれば興味深いと思いますが、それはいずれの話題として、こうした前五識の現在ただいまの感覚情報と、コトバを駆使して広く時空を自在に往来する「広縁の識」の第六意識との関係について以下、簡単にみておきたいと思います。

この点、眼・耳・鼻・舌・身の前五識が生起すれば、同時に第六意識も生起し、なんらかの動きをみせます。たとえば、「一天四海《いってんしかい》」とも称される大名蓮は、白の蓮弁に淡い藤色の斑《ふ》が入った上品な蓮ですが、それを見たとしましょう。まず眼識が目の前に咲く大名蓮のそのようなイロとカタチそのものを認知し、それと同時に、意識のはたらきが生じて、目の前に咲く大名蓮の色と形状を明確に捉える一方、その香気に鼻識も起ります。そんな至福のひととき、――そういえば、誰だったかの漢詩の一節に「荷風送香気（荷風《かふう》、香気を送る）」というのがあったな。と思い出し、一層佳い気分です。――しかし、それにしても、一天四海とは……。世界のどこを探しても、これに勝る蓮はないということか……。などと、あれこれ思いめぐらせます。

いうまでもなく、こうした気分の佳さも、また、その中でのさまざまな随想も皆、第六意識のはたらきです。なお、蓮が咲くその現場から離れると、ただ現在だけを認知する前五識の眼識も鼻識もそのはたらきがなくなってしまいますが、第六意識は、蓮の咲く場所を離れても、一天四海の優雅さを回想することができます。第六意識は前五識と違って、現在ばかりでなく、過去に遡ることも未来を展望することも可能です。第六意識は本質的に時空を超え、また、そのはたらきは広く知・情・意にまたがるものです。以上は、前五識のいずれかと倶《とも》に生起する第六意識の説明で、これを「五倶《ごぐ》の意識」といいます。

　むろん、前五識と倶に起らず、第六意識だけが単独に生起することもあります。これを「不《ふ》倶《ぐ》の意識」といい、これに「五後《ごご》の意識」と「独頭《どくず》の意識」の二つがあります。

　五後の意識とは、前五識のいずれかと同時に意識が生起した後、なお引き続いてはたらく意識のことです。山郭公の鳴き声を聞いた後、しばらくしてから、——物の本に、「てっぺんかけたか」と聞こえるとあるが、どう考えても「とっきょきょかきょく」だよな、あの鳴き声は……。と、思うような場合です。

　また、独頭の意識は、折にふれてふと思い出された文章やアフォリズムを深く味わうなどの場合です。単独にその頭をもたげてくる意識の意味です。「独頭意識」の字づらは、少なからず奇異ですが、この独頭の意識のはたらきによってこそ、人生に潤いが与えられ、また、人生が重厚にもなる契機なのだと思います。

　なお、独頭の意識には、「夢中の意識」というのもあります。夢といえば、ふつう無意識の領分と考えられていますが、唯識仏教では、第六意識の活動の範囲内です。

　いずれお話することになると思いますが、第六意識など心の表層部位のはたらきは、トギレトギレです。たとえば、なんらかの原因で気を失った場合や、極睡眠といっていわゆる熟睡状態の時、第六意識のはたらきは休止します。しかし、夢は比較的浅い睡眠時にみますので、唯識では、それを意識の活動として考えるのです。この「夢中の意識」につきましては、また、第一三話の第八阿頼耶識のところで学びたいと思います。

第三話　道のべの木槿《むくげ》は馬にくはれけり　松尾芭蕉

眼《げん》・耳《に》・鼻《び》・舌《ぜつ》・身《しん》の前五識は、いわゆる視覚・聴覚・嗅覚・味覚・触覚の五感覚で、そのはたらきも、それぞれの認識対象が左記のように限定的です。

眼識――色境《しききょう》
耳識――声　境《しょうきょう》
鼻識――香境《こうきょう》
舌識――味境《みきょう》
身識――触境《そくきょう》

そこが、「広縁《こうえん》の識」といわれる第六意識と違うところで、意識のはたらきはいわゆる知・

情・意の三方面にわたり、その認識対象（法境）は、時間的にも空間的にもほとんど無限ともいえます。なお、法境の語義は、第二話に簡単に説明しておきましたので、参照してください。

前五識の認識対象は、このようにそれぞれ限定的ですが、しかも、たとえば眼識の対象の色境も、現前にあるそのもののイロとカタチを、ただそのままに認めるだけです。そして、目の前からそのものが無くなれば、それと同時にその認識作用も終りです。

視感覚である眼識の段階では、そのイロが「赤色」だとか・そのカタチが「楕円形」だとかという「コトバを介した」認知ではありません。むろん、眼識の前にそのものが現前するかぎり、その認識が継続しますが、そうしたイロとカタチのものが目の前から無くなれば、眼識のはたらきもなくなるわけです。

ただ第二話の最後に述べました「五倶の意識」というのがあり、眼識とその第六意識がいっしょにはたらいて、それがたとえば「赤い楕円形のお盆」であれば、まさにそのように認識されます。そして、さらに意識が単独ではたらけば（「五後の意識」）、そのお盆は赤いとはいえ、実は朱漆で、ちょっと高価。久しぶりに戸棚から出してみて、――いいものだから、大事にしなきゃ。と、一瞬思ったところで、玄関のチャイムが鳴りました。ここで、耳識と新たな第六意識が生起します。

どうやら、来客が予定より早く来られたみたいです。ここで一旦、いまの「五後の意識」はトギレますが、来客の接遇でお茶を用意をしている時、ふいに、――そうだ、あの朱漆のお盆は、X氏の慶事の内祝に頂いたんだ……。と、「独頭《どくず》の意識」がはたらく場合もあるでしょう。こうして前五識のそれぞれと第六意識は、トギレながらもさまざまに絡み合って、結果として、私たちそれぞれの、今日という一日の感覚や想念が構成されていくわけです。

こうした前五識、そして、なにかと総合判断する第六意識ですが、私たちはいうまでもなく人間ですから、五感覚も人としての能力の範囲内ではありますが、いちおうそれなりの鋭敏さをもって身辺の五境を認知しています。そして、意識のはたらきも、知と情と意の三方面にわたって、いかにも人としてさまざまに認識――。さらには、そうした認識に基づいたそれなりの判断を下しながら、明日に向けた意志を固めるでしょうし、同時に、一人ひとりに特徴的な情感の世界というものをも描いているわけです。

こうした前五識と第六意識の世界は、いうまでもなく、人は人としての世界であり、さらに個別的には、AさんはAさん特有の世界であり、BさんはBさん特有の世界でしょう。他方、動物は動物、昆虫は昆虫の世界です。そして本来、それぞれの世界は、それでもうそれなりに完結しているはずです。

しかし、私たちはつい人間という自分の目線でみてしまいます。この第三話のタイトルに出しました一句など、馬にとっては、とんだ差しで口ということになりますが、このての俳句や短歌は、実にわんさとあります。文芸の修辞というのか、あるいは、動物や昆虫を人間と同じように扱おうというか、いずれにせよ、これを別の角度からみれば、それだけ私たちは実は、人としての自分のものの見方に固執していて、場合によっては、そこに収まらない動物たちの行動が気になって仕方ないのかもしれません。

ところで、この句で馬に食べられてしまう木槿《むくげ》の花ですが、朝に開花し夕べにはもう萎んでしまいます。仏教では、はかないものの喩えとしてよく取り上げられ、たとえば、解脱上人《げだつしょうにん》貞慶《じょうけい》（一一五五〜一二一三）の名著『愚迷発心集』にも、「槿花一晨《きんかいっしん》の栄え夕《ゆうべ》にはなく……」などと出てきます。花の色は白や淡紫などいろいろですが、夏の茶花の代表格といってよい「そこべに（底紅）」も、木槿の一種です。千宗旦《せんそうたん》（一五七八〜一六五八）がいたく好んだので「宗旦木槿」ともいわれますが、「底紅」の名の由来は、白い花弁の内底に紅が差してあるからで、いかにも清楚な花です。

それで、タイトルに出した句の「道のべの木槿」です。その清楚で美しい花が、通りがかりの馬にむしゃむしゃと食べられたというのです。個人的な好みとして、その木槿は白い花をイメージしたいですが、それはともかく、馬がそれを当たり前のように、むしゃむしゃと食べた。――何ちゅうことするねん、こんなきれいな花を。と、伊賀上野生まれの芭蕉さんがこのとおりの関西弁で言ったかどうかはともかく、これなぞ、もう人間の目線そのものです。

馬の前五識・第六意識（その意識内容については、よくわかりません。以下の内容は、差しあたっての推測です）からすれば、木槿の花は美的鑑賞の対象ではさらさらない。食べられるものかどうか、少なくとも、食べて差しつかえないものかどうかというのが、馬にとってほとんど唯一の問題点でしょう。まず最初に、馬の眼識や鼻識そして第六意識がはたらき、目の前のものが食べられるものと認識され、そして、食べている間、少なくともこれら眼識と鼻・舌の二識（それと五倶の意識。これについても、どんなものかよくわかりません）がはたらいています。そして、木槿の花を次々に食べて、食欲がほどよく満たされた時点で、馬にとってこのハナシは終りです（多分。あるいは、アレはなかなかウマかった……、というような感覚ないし思いがしばらく持続するのかも）。

しかし、いずれにせよ、芭蕉さんというか人間のほうは終りません。——あのような清楚な木槿の花を、馬はなんとも思わず、むしゃむしゃと食べるんだ。という驚きが残りました。それが、この「道のべの木槿は馬にくはれけり」の一句でしょうか。それが驚きではなく、怒りとなれば、さしずめ、

山吹の花くふ馬を叱りけり　　正岡子規

の句になりますか。これはもう子規が主張したという写生ではありませんね。山吹の花を食べる馬を、それこそ、——何ちゅうことするねん。と、叱りつけていますが、同時に、——せっかく美しく咲いた山吹の花、それをむしゃむしゃと食べるのではなく、一瞬でも愛でてほしかったなぁ。という気分も、この句にはなにほどか感じられもします。が、いずれにせよ、それ

も、いってみれば人間目線そのものでしょう。この場合、馬の眼識も鼻・舌の二識も第六意識も、山吹の花を食べもの（あるいは、食べて可なるもの）として認識していただけで、それ以上でも以下でもないわけです。

このように、木槿や山吹の花が食べられたのも、くだんの馬が空腹だったからで、もしその馬がお腹いっぱいなら、木槿や山吹なぞ見向きもされなかったでしょう。それで、かつて耳にしたことを思い出しました。以下、余談です。

もう四十年も前のことになりますか、当時、高名な銀行家で絵のお上手なK氏が、アフリカのどこかの自然保護区に行かれた時のこと。たまたま道端にライオンが寝そべっているのに遭遇――。ドライバーが気を利かせて停車した途端、同行者が止めるひまもあらばこそ、Kさんが咄嗟にドアを開けて降車し、やおらライオンに近づきスケッチしたらしいです。まあ何事もなかったのですが、それは、ライオンが狩りを終え満腹だったからで、もし空腹なら、Kさんはたちまち餌食になっていたという武勇伝？の一席です。その時、ライオンの眼識や鼻識は、Kさんという視覚や嗅覚の対象を、そのイロとカタチあるいはニオイにおいて捉えていたはずですが、満腹中枢を満たしたライオンの第六意識にとって、Kさんという餌は、もうお呼びでなかったわけですね。

ジンメル（一八五八～一九一八）もその著『断想』で、「人間は常に飢えた生物そのものである。動物は物を食ったときは満腹しているものである」と、端的に述べています（清水幾多郎／訳、岩波文庫）。

さて、それでは、昆虫や鳥類の世界はどうでしょうか。花の蜜に集まる虻《あぶ》、その虻を啄みにくる鳥を詠んだ句がいくつか目に止まります。

花にあそぶ虻なくらひそ友雀　　松尾芭蕉
ひよどりの虻とりに来るさくらかな　　細石

花にあそぶ、とはいうまでもなく修辞で、虻にとってそんな優雅なひとときがあるわけではないでしょう（多分）。でも、文芸の世界ではこのほうがおもしろいので、花に睦《むつ》れて揺蕩《たゆた》うと綴られる蝶を、「世の中や蝶のくらしもいそがしき」（小林一茶）と詠めば、それこそ身も蓋もないかもしれません。しかし、身も蓋もない本書では、虻も蝶も、ただ生きる糧の花蜜を採るために、鋭敏なる眼識や鼻識をはたらかせて、桜の花辺に集まるわけです。しかし、その時でさえ、というより、その時がもっとも外敵に襲われる危険が高いのですが、雀サイドからしても、その時こそ虻という餌にありつけるチャンスです。そういう雀に、芭蕉さん曰く、——春爛漫と咲く桜ですよ、その花に虻もまた、遊び戯れているのですから（その間くらい）採って食べるなんて野暮なことしないでくださいな、私の親しい雀さん。ということなのですね。

一方、ひよどりもまた、桜木に飛来するのは、もとより花を愛でるためではなく、花蜜を吸いにくる虻という餌こそ目当てです。果たして、この句は、――せっかく桜が美しく咲いてるのだから、虻取りなんて野暮なこと、およしなさいな……。という慨歎でしょうか。なるほど、ひよどりにとっては虻取りは仕事、ここは一つ、仕事など放っぱらかして、パッと花見といきましょう。という気分もよくわかりますが、それはどのみち人間目線で、人間の感覚と意識のハナシです。この点、虻にしろ雀にしろ、ひよどりにしろ、もしこんな人間の思いや慨歎を知れば、どうでしょうか。――冗談も休み休みや。そんな軟《やわ》なこと言うてられるのは、あんさんがた人間だけや。わたしら、そんなこと言うてたら、途端にあごが干上がってしまいますわ……。とでも反論されますね、多分。

それはともかく、鳥は鳥の、昆虫は昆虫の鋭敏な五感覚が捉える世界があり、そういう自分たちの周りの世界を精一杯認知し、与えられた生を生き切ろうとしているはずです。そうした世界は、私たちが知る自然というか世界と大きくかけ離れたものなのだろうと思います。

そして、次の句は、およそ人間の鼻識（嗅覚）のよくするところでない微細な香りを認識の対象にするという蜂の出番です。

蜂のみの知る香《か》放《はな》てり枇《び》杷《わ》の花　　右城暮石

ビワの花は、年の暮れから咲きます。一般的な花どきから大きくズレていますし、どちらかといえば美的な花でないので、わざわざビワの花を観賞しようという人は、おそらくいません。実は、筆者の身近に二本ばかりビワの木がありますが、わざわざその花を見ようと思ったことは正直ありません。いよいよ人の目が届きませんが、蜂はその周りを飛び交っています。ビワは、蜂の鼻識にしかわからないような微香を放って、蜂を呼び寄せているのだとこの句によって知るだけでも、自然界の懐の深さの一端がわかります。「物好《ものずき》や匂はぬ草にとまる蝶」（芭蕉）という句がありますが、匂わないのはむろん、私たち人間のほうなんですね。

ふつう、人間にとってもっとも親しい動物は犬だと思いますが、鼻識のはたらきに注目すれば、犬の嗅覚能力は、一般的に人間の六千倍だといわれます。つまり、香りや匂いの世界に限っていえば、犬たちは、私たち人間なぞハナシにならないくらい豊かな香境を相手にしている。逆にいえば、私たちは、そういう豊かなニオイの世界のごく上辺だけを知っているにすぎないということでしょう。

こういうふうに、前五識（五感覚）の世界を切取るだけでも、いのちあるものたちは皆、それぞれの世界を描いているのです。私たちは、同じ自然界の中に、また、同じ社会の中に生息ないし生活しているのですが、それぞれの前五識と第六意識が認識して描く世界はみな独自のもので、同じようにみえても、相互に大きく、また、微妙に異なるのです。

＊コラム①　心をまとめる鉛筆とがらす

尾崎放哉

本書でしばしば述べていますように、仏教の要諦は「散心《さんじん》から定心《じょうしん》へ」です。散心とは散漫な心のことで、他でもない私たち日常の心の状態を指しています。仏教のもっとも古い経典の『ダンマパダ』（三五）には、すでに、

心は、捉え難く、軽々とざわめき、
欲するがままにおもむく。
その心をおさめることは善いことである。
心をおさめたならば、安楽をもたらす。

と記されており（中村 元／訳『ブッダの 真理のことば 感興のことば』岩波文庫）、仏教の肝心かなめを端的に指摘していて、興味深いです。

この、軽々とざわめく心をどのようにしておさめるのか――。いってみれば、これこそが仏道なのですね。しかし、この道を進むに、心の問題とはいえ、意外にも、手ぶらではダメ。ふつう、雑用とか些細なことと思われている所作に、どうやらヒントがありそうです。

堀口大學に「自らに」と題する、「雨の日は雨を愛さう。／風の日は風を好まう。／晴れた日は散歩をしよう。／貧しくば心に富まう。」という四行詩があります。雨の日も風の激しい日も外出《そとで》は嫌なもの、不要不急の散歩なら、出かけるのもおっくうになります。そして、風がびゅうびゅう吹けば、心もなぜかざわつきます。

ただ風ばかり吹く日の雑念

とは、尾崎放哉の句です。風の音は、心を静めるキッカケにはならず、むしろその反対で、心がかき乱されるばかりだというのです。

そうそう、手ぶらでは、散心から定心への展開が難しいというハナシです。むろん、風がびゅんびゅん吹こうが、世間がどんなに騒がしかろうが、そんなの、どこ吹く風——。という人もいるでしょうが、ふつうは、なかなかそういう芸当はできません。

定心の「定」は集中する心のはたらきで、「心一境性《しんいっきょうしょう》」の意味をもつといわれます。わが心を一境（一つの対象）に潜める——。そこに、定心というものが成立するというのです。それも、意外に単純な動作が、ものをいうのですね。たとえば、

黙然と火鉢の灰をならしけり　　夏目漱石

の、火鉢の灰を火箸でならす手慰み。コラム③でもふれますが、火鉢も火箸も私たちの日常から姿を消してしまいましたが、かつては、そういうほとんど無意味な所作で、ざわめく心をおさめた人も少なくなかったのです。

　ひとりになりたき庭の草を取る　　髙橋富久子

という句の、庭の草取りも単純な作業ですが、それで「ひとりになりたき」自分になることができ、高ぶった心を静めることもできました。

　そして、タイトル句です。鉛筆の芯をとがらすことに集中して、軽々とざわめく心をおさめようとしています。鉛筆の芯はそのとき、あるいは、もうすでにとがっていたかもしれません。しかし、それをなおもとがらそうとする放哉の姿に、軽々とざわめく心をなんとかしておさめたい強い意志を感じます。

　このように、ざわついた心をおさめるのは、いわゆる心の問題ですが、徒手空拳ではダメ、しかも意外に単純な所作に、心をおさめるヒントがあるのです。

　ところで、次の第四話に、私たちの心のはたらき（これを心所《しんじょ》といい、全部で五十一あります）を一覧していますが、そのなか、善のグループの「信」と「精進（勤《ごん》とも）」、別境《べっきょう》のグループの「念《ねん》」と「定《じょう》」そして「慧《え》」の五つは古来、「五根《ごこん》」とか「五力《ごりき》」といって重視されています。これら五つの心所はそれぞれ、

信　自己を真理に委ねる
精進　たゆまず努める
念　記憶する
定　集中する
慧　択び分け、正邪を判断する

というはたらきですが、これらの心のはたらきを根とか力というのは、そのそれぞれの心所が、ちょうど植物の根が土中の水分や養分を吸い上げ、その植物を生長させる力がある。そういうイメージなんですね。

そして、私たちは現に、そういう力のある心所を内に秘めている――。つまり、無いものを探そうというのではなく、内部に秘めているものをどう活用するのか、ということなのですね。

いま話題の「定《じょう》」も「定力《じょうりき》」で、これが増上すれば、軽々とざわめき乱想して止まないわが心を抑制することができる――。そして、その定心は、意外にも身辺にあるもので見出されるのです。むろん、自分好みの仏像を「念」じ「定」ずる中にも、ざわめく心をおさめることができます（拙著『仏像 みる・みられる』角川書店）。

第四話　菱餅の上の一枚そりかへり

川本臥風

唯識仏教はすでに述べたように、あらゆることがらを心の要素に還元し、すべてを心の問題として捉えようとする立場です。西暦五世紀頃のインドに出た無著《むじゃく》と世親《せしん》という兄弟の学僧によって体系化されました。よく「中観《ちゅうがん》と唯識」と並び称されるように、いわゆる大乗仏教を代表する一方の考え方です。

こうした唯識では、たとえ外界に在るもの（たとえば、月）でも、私たちは直接、その月そのものを認識しているのではなく、私たちそれぞれの心に浮んだ月なるものの影像《ようぞう》（相分）を、心のもう一方の見分《けんぶん》がみる――。そこに、いわゆる認識が成立すると考えるのです。

認識対象が月である場合、心といっても、とりあえずはたらくのは、前五識の眼識《げんしき》および眼識といっしょにはたらく第六意識でしょう。実はこういう場合、眼識と第六意識のそれぞれに、この相分と見分という認識工程が立ちますので、ハナシはややこしいのですが、それはともかく、私たちの認識は、まさに「田毎の月」です。つまり、私たちそれぞれの認識対象そのものは、こうした工程を経てすでにいわば情報化されたもので、そういう田毎の相分（影像としての月、情報化された月）を田毎の見分がみている——。私たちの認識作用は、そういうものだというのです。だから、認識の内容は人それぞれ。同じようであっても当然、たがいに微妙に異なるのです。

認識の工程がこのようなものですから、何かをちょっと見る、といっても、けっこう複雑な心作用の展開となります。もう少し込み入った、たとえば、愛犬といっしょにくつろいでいる場面をイメージしてみましょう。こういう場合、犬が尻尾をふり、ワンワンと鳴きながら体をすり寄せてくるでしょうし、また、主人のほうも、ペットの頭をなでて、なにかしら話しかける……。そうすると、前五識の眼識はいうにおよばず、耳識《にしき》や鼻識《びしき》それに身識《しんしき》もはたらきますし、むろん、第六意識もいっしょにはたらきます。

つまり、眼・耳・鼻・身の四識と第六意識のそれぞれに相分と見分が立ち、同時に、見分が相分を認める、ということになります。さらに、犬にあげるビスケットを主人も食べれば、舌識《ぜっしき》もはたらきます。あるいは、そんなリラックスした状況の下、——この間の若いヤツ、なかなかやるな。と、ふいに独頭《どくず》の意識が生じたりするかもしれません。私たちのごく日常の世界は、このように取りとめのないものですが、こういう場合も、眼・耳・鼻・舌・身の前五識と第六意識に同時に、それぞれ相分と見分が立ち、それぞれ見分が相分を認知して、こんにちただいまの、その一瞬々々の認識が成立しているということになります。

ただ、こうした例は、前五識と第六意識という表面的な心だけに限られています。しかし、現実には、これらに加えて意識下の心のはたらきもあり、一層ハナシは複雑になります。というか、唯識では、そうした心の深層領域こそ私たちの行為行動の、さらには、存在そのものの淵源だと考えています（なお、行為とか行動といっても、唯識ではすべて、心のはたらきに集約して考えます。念のため）。この第四話では、そうした心の全体構造について学びたいと思います。


それで先ずは、タイトルに出しました俳句です。菱餅は三月三日の雛の節句に飾られる供え物で、菱形・三段重ねの小さなお餅です。下から緑・白・紅と、色違いの薄い餅を重ねたものですが、時間の経過とともに乾燥しますので、どうしても上のほうから反りかえります。——それがどうした。と、いいたくなるような句ですが、同時に、たとえば、これは三姉妹のにぎやかな家庭の話。つまり、一番上の娘はちょっとおませで反抗期……、というような場面をつい想像したくもなります。が、それはさておき、この三段重ねの菱餅のイメージを借りて、唯識の心の構造を学びましょう。

唯識仏教が私たちの心というものを八識で考えることは、すでに第一話や第二話で簡単にふれておきました。本書ではこれまで、主に前五識と第六意識を中心にお話してきましたが、それら六識というのは、心のいわば表面部位にすぎません。これらはほぼ自覚的なはたらきで、私たちの日常生活上たいへん重要なものではありますが、これら六識だけでは、私たちの行為行動、ひいては、その存在をじゅうぶんに明らかにすることはできない――。

そこで、唯識仏教は、仏教の創唱者釈尊このかた長らく受け継がれてきた六識説に加えて、第七末那識《まなしき》と第八阿頼耶識《あらやしき》という心の深層部位の存在を考えるに至りました。そこで、三段重ねの菱餅です。タイトルに掲げました俳句の「上の一枚そりかへり」の上の一枚を前五識と第六意識に、中の一枚を第七末那識に、そして、一番下を第八阿頼耶識に見立てれば、唯識における心の構造となります。

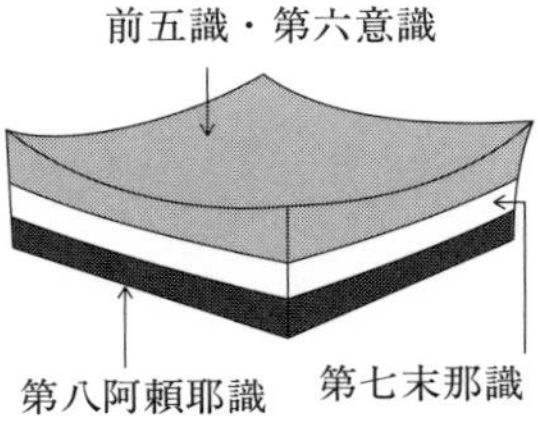

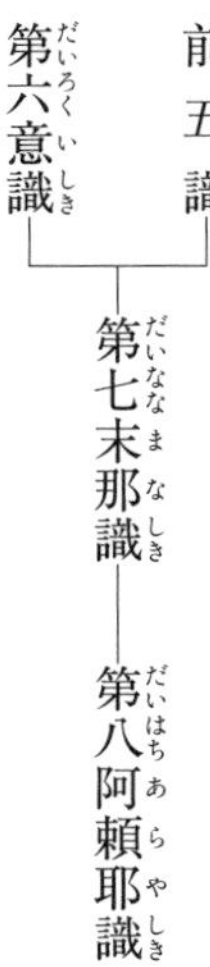

前五識と第六意識という心の表面部位の特徴は、そのはたらきが恒常的ではないということです。はっきりいえば、トギレトギレです。感覚作用の前五識はもとより、いわゆる心といわれるものに相当する第六意識にしても、その知・情・意のはたらきは、トギレトギレです。簡

単な話、思考にしても情念にしても、眠れば、たちまちトギレます。常にオンの状態ではなく、オンの時もあればオフの時もある——。

こうした表面心のなか、前五識のはたらきは「現量《げんりょう》」といって、（与えられた個体的条件、能力の範囲内で）そのものをただそのままに認知するにとどまります。たとえば、この花は木槿であるとか・山吹だとか、そういうコトバによる理解ではありません。そして、認識の対象が目の前にあるとか身辺にあるとか、そういう状況でないと作用しません。また、はたらきが継続していても、実は、現在という一瞬々々がたまたま相続しているだけです。このように、眼識でいえば、目の前の対象が無くなれば、そのイロとカタチの認知もなくなります。総じて、眼・耳・鼻・舌・身の五識は、それぞれ色・声・香・味・触の五境（境は、認識の対象のこと）に接している間だけ、それぞれの感覚作用が生じます。

一方、第六意識は「広縁の識」といわれるように、認識対象はほとんど無限といってよいほどですし、そのはたらきも複雑です。三量でいえば、現量はいうまでもなく、比量《ひりょう》や非量《ひいりょう》（これもヒリョウですが、比量との混同を避けるために、古来、ヒイリョウと発音します）というはたらきがあります。比量は、ものごとを推理したり比較したりしながら知るはたらき、非量は、誤った現量と比量のことです。

このように、第六意識のはたらきは基本的に、時間的にも空間的にも制約されることなく、しかも、すでに指摘したように、知・情・意の広範囲にわたります。むろん、誤った認識や判断も少なからずありますが、そのはたらきは、なんといっても意識的・自覚的です。つまり、第六意識というのは、私たち一人ひとりにとって、立ち止まったり・ふり返ったりして検証できる（当面の）「自己」そのものだといえます。

そして、私たちは日々、この第六意識を前面にうち立てて日常生活を営んでいるわけです。そうした日常生活者として自己をすなおに省みれば、掲出句の「上の一枚が反りかえった」さまは、およそよそごとではない。というか、まさに自己としての第六意識のスガタそのものではないか。そう思わざるを得ません。

それというのも、私たちは一体に、自己を恃《たの》む者です。その思いの強弱や、それが表出する時の硬軟はさまざまでも、最後の最後は、自己を恃む——。そして、自己を恃めば、結果、どうしても他者をあなどってしまいます。こうした心のはたらきを「慢《まん》の心所《しんじょ》」といい、唯識仏教ではかなり詳しく考察していますが（七慢や九慢）、そのポイントは、他者との比較でしょう。社会に暮らせば、人は他との激しい比較に曝されますが、そのさい、自己の優位性をなんとか保ちたいのではないですか。そとづらは丁重で悠揚迫らぬ態度であっても、一皮めくれば慢心は沸騰しており、なにかとこせこせして止まない。まさに「上の一枚そりかへり」です。

むろん、こうした不善の心所（心のはたらき）だけでなく、私たちには善き心所もありますが、唯識仏教では、総じて五十一の心所を取り上げ、それらを種類別に六つのグループに分類しています。これを「六位《ろくい》五十一心所《ごじゅういちしんじょ》」といいます。

なお、いいそびれましたが、眼識ないし身識の前五識をはじめ、第六意識・第七末那識・第八阿頼耶識の八識は、それぞれ認識主体ですので、「心王《しんのう》」といいます。たとえば、いまの場合、第六意識という心王と「慢」の心所とが相応して、ある一定の認識の現場で慢の心所が具体的にはたらく、と考えるのです。

こうした心王と心所（ふつう、これを「心心所《しんしんじょ》」といいます）の相応関係は、各心王によって異なるのですが、第六意識は五十一心所すべてと相応しますので、ここに、その心所リストの一覧を掲げておきたいと思います。

①遍行《へんぎょう》……どのような認識にもはたらく基本的なもの〔5〕

触《そく》（心を認識対象に接触させる）

作意《さい》（心を起動させる）

受《じゅ》（認識の対象を苦とか楽、憂とか喜、あるいは、そのどちらでもないと受け止める）

想《そう》（受け止めたものを自己の枠組みにあてはめる）

思《し》（認識対象に具体的にはたらきかける）

②別境《べっきょう》……特別な対象だけにはたらくもの〔5〕

欲《よく》（希求する）

勝解《しょうげ》（深く了解する）
念《ねん》（記憶する）
定《じょう》（集中する）
慧《え》（択び分け、正邪を判断する）

③善《ぜん》……仏の世界に順ずるもの〔11〕

信《しん》（自己を真理に委ねる）
慚《ざん》（自らを顧み、また、教えに照らして恥じる）
愧《き》（他に対して恥じる）
無貪《むとん》（むさぼらない）
無瞋《むしん》（排除しない）
無癡《むち》（真理・道理に即する）
勤《ごん》（精進。たゆまず努める）
安《あん》（軽安《きょうあん》。身心がのびやかで、はればれとしている）
不放逸《ふほういつ》（欲望をつつしむ）
行捨《ぎょうしゃ》（平等にして、かたよらない）
不害《ふがい》（いのちをあわれみ、他を悩ませない）

④煩悩《ぼんのう》……仏の世界に違反するもの〔6〕

貪《とん》(むさぼる)

瞋《しん》(排除する)

癡《ち》(真理・道理に暗い)

慢《まん》(自己を恃み、他をあなどる)

疑《ぎ》(真理・道理をわきまえ得ず、疑う)

悪見《あっけん》(誤った見解に立つ)

⑤随煩悩《ずいぼんのう》……煩悩から派生した仏の世界に違反するもの〔20〕

忿《ふん》(腹をたて、危害を加えようとする)

恨《こん》(うらむ)

覆《ふく》(隠し立てする)

悩《のう》(他を悩ませる)

嫉《しっ》(ねたむ)

慳《けん》(ものおしみする)

誑《おう》(たぶらかす)

諂《てん》（へつらう）
害《がい》（いのちへの思いやりがなく、他を悩ませる）
憍《きょう》（うぬぼれる）
無慚《むざん》（自らを顧み、また、教えに照らして恥じない）
無愧《むき》（他に対して恥じない）
掉挙《じょうこ》（気持ちが騒がしく浮き立つ）
惛沈《こんじん》（気持ちが深く沈む）
不信《ふしん》（真理を顧みない）
懈怠《けだい》（なまける）
放逸《ほういつ》（欲望のままにふるまう）
失念《しつねん》（記憶を失う）
散乱《さんらん》（集中を欠いて乱れる）
不正知《ふしょうち》（誤って理解する）

⑥不定《ふじょう》……その他〔4〕
悔《け》（くやむ）
眠《みん》（ねむたくなり、身心の自在を失う）

尋《じん》（認識の対象をおおざっぱに思いはかる）
伺《し》（認識の対象を詳細に思いはかる）

これら五十一の心所《しんじょ》をざっと見渡せば、ドストエフスキーの『カラマーゾフの兄弟』の、――神と悪魔が戦っている。その戦場こそが人間の心である。という一節が、ふと想い起されるかもしれません。まさに善と不善が相半ばするといった感慨をもたざるを得ませんが、自己そのものといってよい第六意識はその意味で、なにごとであれ岐路にあり、また、常に自らが自らに自覚を促すそのさ中にある――。そして、それこそがつまりは、私たち一人ひとりのそれぞれの第六意識だということかと思います。

なお、これら五十一心所については、拙著『唯識とはなにか 唯識三十頌を読む』（角川ソフィア文庫）第二章「心のはたらき」に比較的詳しく記しましたので、興味のある方はご覧ください。

さて、上一枚の、前五識と第六意識の表面部位をめくれば、いわゆる意識下の世界です。先ずは、一番下に目を向けたいと思います。そこは第八阿頼耶識と呼ばれる心の深層領域で、私たち一人ひとりを根底から支える根本の識体《しきたい》（本識《ほんじき》）と考えられています。

つまり、これまでお話してきた前五識・第六意識も、このあとにお話する第七末那識も皆、この本識たる第八阿頼耶識から転変《てんぺん》したもの（転識《てんじき》）と考えるのです。すべては阿頼耶識から発出し、そして、阿頼耶識に収められるというのが、唯識仏教のもっとも基本的な考え方です。

前　五　識
第 六 意 識（転識）→ 第八阿頼耶識（本識）
第七末那識

引き合いに出した菱餅は、どの一枚も薄っぺらいですが、阿頼耶識は、実に無始以来という遠い過去にまで遡り得るものと考えられています。

茫漠たるものという他ありませんが、それはともかく、阿頼耶《あらや》とは、インドのサンスクリット語の「アーラヤ」の音写で、意味は「蔵《くら》」です。そこで、阿頼耶識を「蔵識《ぞうしき》」とも呼びます。インドの北に聳えるヒマラヤ山脈はあまりにも有名ですが、そのヒマラヤは、「ヒマ（雪）」とこの「アーラヤ」の合成語です。一年を通して雪を持っている山々という意味ですが、問題は、私たち一人ひとりの阿頼耶識という深層領域が、なにを所有あるいは所蔵しているのか、ということです。

端的にいえば、つぎの三つを執持《しつじ》する（所持し管理する）と考えられています。

① 種子《しゅうじ》（過去の行動情報にして、同時に、未来の行動を発出する潜勢の力となるもの）
② 有根身《うこんじん》（肉体）
③ 器世間《きせけん》（自然、環境）

種子は、私たちの行為行動（心のはたらき）を生起させる主な原因です。そして、有根身と器世間ですが、こんにちただいま、ここに、私たち一人ひとりが（肉体をもって）存在すれば、当然、それを取り巻くもの（器世間）があるはずです。これら三つのものすべてを、阿頼耶識がいわば仕切っている――。それが、阿頼耶識が種子と有根身と器世間を執持するという意味です。こうした阿頼耶識については、追い追い取り上げたいと思います。

さて、菱餅の中の一枚です。これを、第七末那識に見立てることにしましょう。末那識は、心の深層領域にうごめく自己中心性、あるいは、自己愛の根源と考えられています。末那とは、サンスクリット語「マナス」の音写です。意味は「恒審思量《ごうしんしりょう》（恒《つね》に審《つまび》らかに思い量る）」ですが、問題は、なにを恒審思量しているのか、です。

これも端的にいえば、末那識は、阿頼耶識を対象として「これぞ不変な自分という実体」と思量し、また、それゆえに執着して止まない――。そして、深層領域から第六意識に向け、自己中心性・自己愛の正当性を声なき声で絶えずささやきかけているという、まことに厄介な深層心です。

自己中心性は、むろん表面心にも見受けられる心のはたらきです。たとえば、先にみた「慢の心所」が第六意識と相応してはたらくのは、どこからみても自己中心性の発露でしょう。しかし、第六意識は自覚的ですから、状況を判断して自己中心性を自ら抑制して薄めたり、あるいは後刻、——あれはやりすぎだったな。と、反省したりして、社会とある種の折り合いをつけようとするでしょう。

しかし、そうした時でさえ、まさにその裏側で同時に、——自己中、大いにケッコウ。と、末那識の声なき声が、当面の自己である第六意識にささやきかけているというのです。

＊コラム② 無著天親其外《むじゃくてんじんそのた》の仏秋の風 正岡子規

近代俳句の確立に尽くした子規（一八六七〜一九〇二）が奈良を訪れたのは、明治二十八年（一八九五）の秋十月でした。実は同年四月、子規は日清戦争の従軍記者として遼東半島に渡りましたが、五月に帰途につき、その船中で喀血。病の身を松山に休めました。しばらくして小康を得たのか上京を決意し、その途次、奈良に立ち寄ったのです。有名な「柿くへば鐘が鳴るなり法隆寺」の句を得たのは、このときでした。

そのおりの句作の中に、「行く秋のわれに神なし仏なし」というのがあります。子規は、『病牀六尺』（四十）で「宗教を信ぜぬ余」と明言しており、宗教に距離を置こうとする近代知識人の面目躍如の一句ではあります。

奈良旅行の翌明治二十九年には、タイトルに掲げた句も詠みました。冒頭の「無著天親」は、まさに本書で学ぼうとする「唯識」の教義を大成した無著（アサンガ）と天親（ヴァスバンドゥ、世親《せしん》とも）というインドの学僧のことです。この二人は実の兄弟で、西北インド（現在のパキスタン）のプルシャプラ（現、ペシャワル）の、バラモンの家に生まれました。最初は旧仏教を学び、後にインド中央部に出て唯識大乗の教えを学修しました。もしこの二人の出現がなければ、大乗仏教の形も、そうとう違ったものになっていただろうとさえいわれています。

無著と世親はともに菩薩と尊ばれる学僧ですが、子規が目にしたこの二人の対像は、いうまでもなく運慶の作で、鎌倉時代に再興された北円堂の本尊（弥勒如来）に随侍。現に、仏教肖像彫刻のもっとも優れた作例といわれています。但し、子規がこの対像を一見したのはその北円堂ではなく、おそらく享保大火（一七一七）後に建てられた仮設中金堂（老朽化のため平成十二年に解体）の堂内でした。

挿図をごらんください。これは明治二十一年（一八八八）撮影の古写真（東京国立博物館所蔵資料）で、当該堂宇の須弥壇上の一郭に、くだんの無著と世親の二菩薩立像、そのやや後方に阿修羅と迦楼羅《かるら》の天平乾漆立像、そして、それらの前に法相六祖の坐像三軀などが置かれています。

現在の感覚からいえば、かなり、というか、そうとう無造作で乱暴な配置で、子規がみたのがこれだとすれば、子規ならずとも、「無著天親其外の仏」という他なかったかもしれません。しかし、「其外の仏」と無関心を装うかたわら、「無著天親」と明記しているのは、実に興味深いです。その像容の精神性に、一目置いたのかどうか——。いずれにせよ、かなりちぐはぐな感じは否めません。

ところで、この無著と世親が活躍した生存年代ですが、まだ確定していません。現在のところ、かつて干潟龍祥博士（仏教学）が推定された、

興福寺東金堂集合仏像（小川一真撮影・東京国立博物館蔵）

Image: TNM Image Archives

無著菩薩は、三九五～四七〇年頃
世親菩薩は、四〇〇～四八〇年頃

という説が、概ね妥当な説とみなされています。そこで、まずはざっくりと、五世紀の人と憶えておくことにしましょう。こうした無著と世親の唯識教学ですが、日本の法相宗に継承され現在に至っています。

和銅三年（七一〇）に創建された興福寺は法相宗の本処《ほんじょ》といわれ、中金堂の内陣西第一柱は古来、「法相柱《ほっそうちゅう》」と称され、なにがしかの祖師像が画かれていました。興福寺中金堂は平成三十年（二〇一八）十月七日、約三百年ぶりに創建当初の規模と様式により再建落慶しましたが、この再建の意義の一つは、実は「法相柱」の平成再興でした。

この法相柱に、無著と世親の二人の菩薩像が画かれてあったことは、鎌倉時代の文献に明記されています。これは当然のこととして、問題は、それだけだったのか、あるいは、その後を継承するどのような祖師方が画かれていたのかですが、これについての史資料がありません。そこで、平成の法相柱では、唯識教学の系譜を慎重に検討し、鎌倉時代を下限として、次の十四名の祖師方を選定しました。

〔インド〕無著菩薩、世親菩薩、護法論師《ごほうろんじ》（ダルマパーラ、五三〇～五六一）、戒賢論師《かいけんろんじ》（シーラバドラ、五二九～六四五）、〔唐〕玄奘三蔵《げんじょうさんぞう》（六〇二～六六四）、慈恩大師《じおんだいし》（六三二～六八二）、淄州大師《ししゅうだいし》（六五〇～七一四）、濮陽大師《ぼくようだいし》（六六八～七二三）、〔日本〕玄昉僧正《げんぼうそうじょう》

（?～七四六）、善珠僧正《ぜんしゅそうじょう》（七二三～七九七）、別当行賀《べっとうぎょうが》（七二八～八〇二＝推定）、真興上《しんごうじょう》綱《こう》（九三四～一〇〇四）、権別当蔵俊《ごんのべっとうぞうしゅん》（一一〇四～一一八〇）、解脱上人貞慶《げだつしょうにんじょうけい》（一一五五～一二一三）。

なお、画業の奉納は、現代の日本画家の中、もっとも繊細な描線と鮮やかな色彩感覚で知られる畠中光享画伯です（興福寺中金堂再建・法相柱 柱絵完成記念『興福寺の寺宝と畠中光享』二〇一七年、青幻社）

無著像（興福寺蔵・飛鳥園写真提供）

世親像（興福寺蔵・飛鳥園写真提供）

第五話　臥《ふ》して見る秋海棠《しゅうかいどう》の木末《こずえ》かな　正岡子規

前の第四話では、唯識仏教が想定する私たちの心の構造をざっと学びました。日常生活者の私たちの気持ちはいかにも複雑ですが、その構造もまた単一なものでなく、意識と意識下という重層構造になっているということをお話しました。

しかも、意識下の第八阿頼耶識こそもっとも根源的な心で、これを「本識《ほんじき》」と称し、自己中心性の第七末那識も第六意識や前五識もすべて、「転識《てんじき》」——。つまり、本識の第八阿頼耶識から転変《てんぺん》した識体《しきたい》だというのです。こうした心の構造を、第四話では、三枚重ねの菱餅のイメージを借用して一見しました。こうしたことを折りこみながら、さらにまた、第六意識について学んでいきたいと思います。

それというのも、唯識仏教にとって「自己」といえば本来、本識たる第八阿頼耶識のはずですが、いわゆる意識下のはたらきだけに、私たちは、これを認知したり・検証したりすることができません。
一方、第六意識という心は、私たち一人ひとりにとって、立ち止まったり・ふり返ったりして検証できる（当面の）「自己」そのものといってよいものです。むろん、第六意識は、いわば善・不善両用ですので、具合の悪い過去を偽ったりもします。いずれにせよ、私たちにとって第八阿頼耶識こそ大本《おおもと》なのですが、それにもかかわらず、第六意識はきわめて重要なのです。そこで、この自覚的な「（当面の）自己」としての第六意識をめぐって、あるいは、第六意識を例にしながら、いくつかの観点からみておきたいと思います。

その前に、タイトルとして掲出しました正岡子規の俳句です。子規が結核を患い、脊椎カリエスを発症して、晩年ほとんど病床にあったことはよく知られていますが、この句も、そんな状況下でつくられたのでしょう。しかし、身体を動かせないからこそ、子規の第六意識は、「独頭《どくず》の意識」「広縁《こうえん》の識」たるを大いに発揮し、思いはさまざまに駆けめぐったのではないかと想像します。たとえば、子規は、

足たたば北インヂヤのヒマラヤの　エヴェレストなる雪くはましを

という短歌を詠むその一方で、動けないだけに、微視の世界にも遊びました。同じく短歌に、

こんなのがあります。

くれなゐの二尺のびたる薔薇の芽の　針やはらかに春雨のふる

薔薇《ばら》（の枝）といえば、とげとげしい語感もありますが、折しもやわらかに降る、春の雨にぬれた薔薇の芽は、いかにも柔らかそうだなあ。と、いうのでしょうか。子規は食いしん坊のようでしたから、一瞬、食べてみようか、と思ったかどうか――。脊椎カリエスのとげとげしい痛みからの解放を祈っているようでもあります。

いずれにせよ、薔薇の芽という微視の世界ですが、床に臥せっている子規の、この視覚世界そのものも、はっきりいって狭い――。第五話のタイトルに取り上げた句では、庭先に植えられた秋海棠《しゅうかいどう》です。秋海棠は、夏から秋にかけて繁茂する四、五十センチほどの草花です。けっこう群生しますが、どちらかといえば身丈の低い草花です。そんな草花の枝先を、ふつう「木末（梢）」というでしょうか。この語感に、私は最初かなり違和感を覚えましたが、おそらくは「梢の秋」で、繁茂している秋海棠も、やがては枯れる――。子規はそこに、自分のいのちの枯れゆくさまをみていたのでしょう。

そうした子規の寝たきり状態からくる視線の低さと、近づきつつある死の自覚という二つの必然が、子規の視野を狭窄したのだと思います。つまり、ここでは、子規はもう秋海棠しかみていない。というか、子規の視野には秋海棠しかない。そうして比較するものがなにもなければ、秋海棠が異様にクローズアップされ、可憐な草花の枝先も「木末」と表現してこそ、子規にとってピッタリだったのだ、と思います。

このように、なにかを見るといっても、その視線とか目線の高低や角度、興味や関心の度合いなどによって、見ているものの見え方が違ってきます。見る世界は、とりあえず視覚の眼識《げんしき》の役どころですが、眼識自体が見ている対象は、見える限りのものであり、そこに取捨選択はありません。見えるものすべての、そのイロとカタチとをただそのままに見ているだけです。しかし、そうした眼識と一緒に作用する第六意識のはたらきによって、見えている世界をなにほどか局限しますし、場合によっては、拡張さえします。その結果、第六意識の志向という か動向から脱落したものは、端的にいって、見えているけれど見ていない、ということになります。

これを、聴覚の耳識《にしき》でいえば、聞こえているが聞いていない、ということになりますね。たとえば、教室で聴講している場合です。はなはだ関心のあるテーマで、しかも、深い内容の講義であれば、是非もなく聴きたい——。このこと自体、すでに第六意識がはたらいているわけで、おのずからその講義に集中するでしょう。こういう場合、講師の声だけが鮮明に聞こえてきて、むろん、要点はすかさずノートします。教室の内外ではいろいろ物音もしているはずですが、それらは一向邪魔になりません(むろん、集中できない場合もありますが、それはまた別の状況です）。他の物音がトーンダウンして、なにか後方に退いている感じです。

名講義なので録音もします。しかし、後刻、その録音を再生すれば、教室内のいろんな音が聞こえてくるはずです。録音機材の性能にもよりますし、耳識の能力にもよりますが、イメージとしては、その録音が再生されたさまは、聴講時に耳識が捉えた音の世界に近いのではないでしょうか。耳識も録音機材も、その能力や性能の範囲内で対象の音をすべて捉えていますが、第六意識の関心の度合いや問題意識の有無、あるいは、その濃淡によって加工ないし情報化されたもの（相分《そうぶん》あるいは影像《ようぞう》）を、第六意識の見分《けんぶん》が認識する——。そういう認識の中に、私たちの日常の一コマ一コマが立ち現われるわけです。


ところで、すでに少し述べましたように、唯識が考える認識の成立は、眼・耳などの前五識であれ、第六意識であれ（また、意識下の第七末那識でも第八阿頼耶識でもそうなのですが）、それぞれの識体の上に思い浮べられた影像（相分）を対象とし、それを見るはたらきの見分が作用して、認識が成立するというのです。まさに「唯識（唯《ただ》、識のみ）」です。私たちはふつう、外界にある客体そのものとか、社会の出来事そのものをダイレクトに見聞きし、そして、なにほどか判断する。と、考えているのですが、そうではないというのですね。

わかり易いので第六意識を例にしますと、第六意識が、認識しようとすることがら（A）を直接アタックするのではなく、自らの識体の上に浮かべたAにかかわる相貌（影像、相分）を、もう一方のはたらきである見分がかかわって、第六意識の認識が成立します。そのAにかかわる相貌は、第六意識のAについての関心の度合いや問題意識の有無や濃淡、あるいは、経験の有る無し、総じて、第六意識のAを見る視線やその角度、さらには教養の度合い……、そういったものがいわば一丸となって関与しているでしょう。

つまり、私たちは、対象そのものを認識しているのでなく、他ならぬ自分の前五識や第六意識などによって、なにほどか改変された対象を相手にしているわけです。こうした識体によって改変される、あるいは、加工されることを「識所変《しきしょへん》」といいます。私たちの認識対象は、世界そのものではなく、この識所変の世界だと、唯識仏教は考えています。いずれにせよ、私たちの認識はこういう仕組みですので、私たちが、——ちょっと見ただけ。と、逃げの手をうっても、そこには、私たち一人ひとりのすべてが関与しているわけです。実に人生、ただならぬものを感じます。

こうした唯識仏教が説く認識の仕組みですが、いままでは主に、「相分」と「見分」のかかわり合いだけで、話を進めてきました。しかし、このあたりでそろそろ、唯識が考える認識の仕組みの全体像（四分《しぶん》）を示しておこうかと思います。ここでもやはり、第六意識を例に、なるべく簡潔にお話したいと思います。

認識作用がまだ始まっていない第六意識そのもの、というか、第六意識それ自体を「自体分」とします。その自体分は、認識作用が始れば「相分（みられるもの）」と「見分（みるもの）」という二つの領域に分かれ、見分が相分を認めて、ここで認識がいちおう成立します。

唯識仏教には、この相分と見分の二分だけで認識の仕組みを考える祖師もおられるのですが、日本に伝えられた唯識説の主流では、この二分に加えて、「自証分《じしょうぶん》」と「証自証分《しょうじしょうぶん》」のはたらきが考慮され、これら四分によって一連の認識作用が説明されています。

「自証分」は、見分を確認するはたらき（自体分が持つそうしたはたらきを別途、自証分と呼称）。そして、「証自証分」とは、その確認をさらに認知するはたらきのことです。

なお、こうした相分・見分・自証分・証自証分という認識作用の四つの分限を正確に知ることは、難しいとされています。そこで古来、布ぎれの寸法を測るという例話を述べ、理解の一助としてきました。この場合、布ぎれが相分で、見分は物さし。見分は、それで布ぎれの寸法を測るはたらきでもあるでしょう。そして、自証分は、物さしで測られた布ぎれの寸法を知るはたらき。最後の証自証分は、知られた布ぎれの寸法を帳面に記入するようなはたらきだというのです。

相分《そうぶん》…………布ぎれ
見分《けんぶん》…………物さし。布ぎれの寸法を測る
自証分《じしょうぶん》………測られた寸法を知る

証自証分《しょうじしょうぶん》……計測された寸法を帳面に記入する

例話はあくまで、――それはこのようなものだ。と、いう話なので、例話を重ねてもどうかと思いますが、私はかつて、別の例を案出したことがありますので、参考までに、それを付記しておきます。

それは、――私が今、時計を見ている。そして、時刻は午後七時三十分である。という場面で、この四分を考える例話です。この場合、まず時計が相分で、それを見ているのが見分です。さらに、見ている時計が午後七時三十分を指しているのを確認するのが自証分。そして、そのように確認するのは、自覚的なものですので、そうした自覚的なフォローが証自証分だというものです。

いずれにせよ、こうした四分のはたらきは、八識すべてにあります。たとえば、第六意識が独頭ではたらく場合、五感覚の前五識の生起はありませんが、意識下の第七末那識と第八阿頼耶識はトギレることなく作用していますから、これら意識下の識体にもこの四分のはたらきがあるというのです。深層領域の第七末那識や第八阿頼耶識については後述しますが、いずれにせよそれらが複雑に絡み合って、(当面の)自己である第六意識を中心に、ともかくもわが日常生活を展開しているわけです。わがことながら心はやはり難解というか、複雑怪奇という他ありません。

以上、唯識仏教が考える私たちの認識の仕組みとは、相・見二分のみならず、自証分や証自証分のはたらきをも組み入れた四分一連のものであることをみてきました。ものごとを知る、ことがらを理解するというのは、総じて八識のはたらきで、八識心王《はっしきしんおう》とそれぞれに相応する心所《しんじょ》が動員されて行なわれます。したがって、相分とか影像と呼ばれる認識の対象も、対象そのものではなく、これら八識によって程度の差はあれど、皆なにほどか改変されたり加工された識所変《しきしょへん》のものなのです。そこで、唯識仏教では、単に「心」とはいわず「能変《のうへん》の心」といい、また、認識対象の「境」も「所変《しょへん》の境」といいます。

こうした考え方を、総じて「唯識（唯、識のみなり）」というのですが、この考え方を遠く奈良時代に唐や新羅などから導入し、そして、現在に至っている仏教の一派（奈良の興福寺や薬師寺などの法相《ほっそう》宗）では、なにかといえば「唯識無境《ゆいしきむきょう》」とか「心外無別法《しんげむべっぽう》」という語を用います。

「無境」とは、私たちが常識的に相手にしているような対象というものは無い、ということで、心内の影像・相分という認識の対象こそ問題にしなければならない、というわけです。また、「心外無別法」ですが、唯識仏教ではすべてを、心の要素に還元して扱いますので、心の外部になにかがあるわけではない。すべて、心の内側で処理してしまいます。たとえば、同じ対象をみても、みる側の心のありようが違えば、その対象から受け取る意味も人それぞれで、同じでない。つまり、私たちの心こそが、その対象の内容を決定している。そこで、「心外に別法なし」と言い切ってしまうのです。「法」とは、前にも述べたと思いますが、「もの」とか「ことがら」の意味です。

なお、目線を下げたり・その角度を変えたりすると、見えるものが違ってみえてくることは、日常しばしば経験することです。そうして作られた句はけっこうあります。唯識や識所変ということを考える材料として、いくつか掲出しておきましょう。

たとえば、与謝蕪村には、

馬下りて高根のさくら見付たり

の句がありますし、また、

芒《すすき》の穂富士山頂をなでており　　永　六輔

というのもあります。使い慣れた目線、というのもおかしいですが、私たちはそれぞれ、そういう使い慣れた視線や角度というのがあり、その使い勝手のよい習慣的な見方で、ものを見、人を見、そして、世間というものを見ています。

たまに、イヤ、適宜に、目線に変化をつければ、それこそ「目から鱗」ということになるのではないですか。

第六話　いそがしく時計の動く師走哉　正岡子規

いままで、主に前五識や第六意識のはたらきについて学んできました。そのなか、第六意識は、まさに（当面の）自己そのもので、そのはたらきの如何によって、その人の人生の内容が決まるといっても過言ではありません。

第六意識は「広縁の識」（縁はこの場合、認識の意）といわれるだけあって、生活現場の時空を大きく超え、そこに知・情・意のはたらきを活発にすることも可能です。それを不可能にする最大の障壁はなにか。それは一も二もなく、――自分にはできない、無理だ。という思い込みでしょう。そこに思いが凝り固まれば自縄自縛、イヤ、無縄自縛。できることもできなくなります。むろん、私たち一人ひとりの生活のあらゆる面に、（後に学びますように）根源的に第八阿頼耶識がかかわっているのですが、それにもかかわらず、第六意識の志向というか動向こそ、人生のもっとも重要なポイントだといえます。

この「広縁の識」といわれる第六意識が思い描く対象は、なにも目に見えるもの・手に触れるものだけではありません。たとえば、

歳月は地上の樹木育みぬ　地下茎はどんなかたち成しいる　　熊谷龍子

という短歌があります。気仙沼は手長野、柞《ははそ》の森に暮らすこの歌人にとって、森は、木々の鬱蒼とした枝ぶりや、そこを吹き抜ける清冽な風だけでなく、光のささぬ大地に深く根ざす地下茎のさまにまで立ち入って交歓しています。そして、その背後には、そうした森に共に暮らすさまざまな生きもの、その足音や鳴き声……。歌人が認識の対象としている森は、おそらく私たちが想像もできないほど深遠で茫漠としたものでしょう。この歌人に、

我を忘れ日暮れまで摘み草をしていれば　太古より此処に居たと思いぬ

という短歌もあります。日常のチマチマした時間とか時の流れなぞ、もうどこかに吹っ飛んでいます。

このように、第六意識は、さまざまな対象をそのまま認識するのではなく、さらに視野を広げ、より深くその意味を探ろうとしますし、逆に矮小化したりもします。第六意識のはたらき

一般としては、対象をさまざまに加工し色づけ（能変《のうへん》）しています。つまり、認識対象のすべてのものごと・ことがら（一切法）は、まさに「識所変《しきしょへん》」のものなのです。

こうした能変作用は、いったいにすさまじく、たとえば、「越すに越せない心の垣根」なんて、どこにもないものを、さもあるかのようにつくり出したりもします。こうした識所変の一切法の中には、いわゆる時間（時の流れ）も含まれます。というか、時間こそ、識所変の最たるものといってよいかもしれません。

この時間というか時の流れについて、唯識仏教は、いわゆる物でも心でもないもので、主に第六意識の流れの上にある法（ことがら）として仮に立てられたもの、と定義しています。つまり、実体のない仮法《けほう》という位置づけですが、それだけに、すぐれて私たちの考え方というか感じ方の問題なのだと思います。

たとえば、東海道新幹線の京都駅から品川駅まで、所要時間は約二時間十五分です。この二時間十五分という時間を割り出す測定法それ自体は、いちおう私たち人類が共有しているもので、その意味で、二時間十五分は二時間十五分。それ以上でも、それ以下でもありません。しかし、それを速いと感じる人もいれば、そうは思わず、もう少し時間短縮できないかと思う人もいるわけです。

また、同じ人でも、火急の用事をかかえている場合と、仕事を終えて一段落して乗車している場合では、同じ二時間十五分とはいえないほど感じ方が違うでしょう。——イヤ、それは別の問題だ。と、いってしまえば、それまでですが、時間とか時の流れについては、私たちには、こうしたことのほうがより切実です。卑近な話、持ち時間が少なくなると、時の流れは速くなり、私たちは焦ります。日常生活者としては、切実きわまる問題です。もとより、時間というものを設定したのは私たち人間ですが、いったん設定されると、時間のほうが独り歩きして、あわれ立場は逆転し、私たちが時間というものに追いかけられるというハメに陥ります。

よく「過・現・未」などといいます。時間は、過去↓現在↓未来へと流れる——。と、いうことになっています。たしかに、昨日の〈私〉が相続されて、今日の〈私〉がいるわけで、それはまぎれもなく過去↓現在です。そして、こんにちただ今の〈私〉は、まだ生の執着がありますから、明日の〈私〉を切望するでしょう。そして、健康状態が良いなど条件が整えば、現在↓未来となります。しかし、今日の〈私〉が、昨日の〈私〉に戻りたいと願っても、それは無理筋というものです。すべては変化して止まないもので、そのように理解するのが仏教根幹の考え方ですが、その変化には前後順序の次第というものがあるわけです。

時の流れにも、そういう次第があって「過・現・未」ですが、私たちの日常では、未来↓現在↓過去という次第もある。というか、この次第自体、そんなに珍しいことではありません。たとえば、親しい友人と一週間後のランチを約束しました。その約束は一週間後ですから、どうみても「未来」のことです。その未来の約束の日が日一日と近づいてきて、ついに当日のお昼です。つまり「現在」ですが、この「現在」は、ランチが終われば、たちまち「過去」のことになります。つまり、この場合の時の流れというか次第は、未来・現在・過去です。社会に生きる私たちの日常は、いってみれば、公私にわたるこうした約束や予定で成り立っているようなものでしょう。そうであれば、「現在」といっても、私たちの「現在」はそう簡単なものではなく、「過去・現在・未来」と「未来・現在・過去」という二つの次第というか、時の流れの交差する中にある一瞬、ということになるのではないかと思います。いずれにせよ、時の流れというのは、一方通行ではないのですね。

さて、遅くなりましたが、タイトルに掲出した子規の俳句です。慌ただしい歳末の日々、その過ぎゆくさまは、加速度がついて飛ぶように過ぎていきます。子規は、そうして過ぎ去る時間というものを時計のせいにしているようでもありますね。その気持ちは、わかりすぎるほどわかります。日本大衆文学の草分けの一人、平山蘆江の街歌に、

どうにかしたいが三百余日　どうにもならずに暮れる年

というのがあります。この一年ずっと、――なんとかしなきゃ。と、思いながら、結局どうにもなりません。そして、ついに残余いくばくもない歳末の数日です。焦りとあきらめが、改めて交差しています。

子規の句といい、蘆江の街歌といい、身につまされますが、私たちにとって、一年であろうがなんであろうが、区切りという方便は必要で、もし、区切りがなければ、一層のんべんだらり――。おそらくは、世の中どこもかしこも停滞だらけでしょう。三百六十五日の一年をほぼ三十日で区切ると、十二か月です。私たちの社会では、一年というものを十二の月に区切って運営しています。しかし、カレンダーの次第とはまた別に、事業年度というのがあり、それはたいてい四月新年度で、年を跨いで三月末に出納を閉じます。そして、肝心の予算の執行は概ね四半期毎ですね。また、教育機関などでは、なおその上に、小中高は三学期制、大学は前期と後期の二学期制です。

私たちは、なにかといえば、こうして時間を切り分け・区切ります。停滞を憚ってのこととはいえ、興味深い文化現象ですが、いずれにせよ、時間、時の流れという仮法《けほう》になにかと翻弄される第六意識ということを、ここに指摘しておきたいと思います。

ところで、こうした区切りですが、仏教に、「正五九《しょうごく》の善月」というのがあります。正月・五月・九月の三月は、とくに精進潔斎すべき月と定めたものです。冥界の王・閻魔が主宰する庁舎に、亡者の生前をありのままに映す業鏡《ごうきょう》（浄玻璃《じょうはり》。浄頗梨とも）があり、亡者は、それによって断罪されるのだといわれます。まさに「浄玻璃にきまりの悪い図が写り」（古川柳）ですが、正五九の三月は、この鏡の精度が殊にいいのだそうで、人々の行状を、それこそ細大漏らさず映すというのです。そこで、これら三月の日々、精進潔斎に勤しむべしというわけですが、これも、一年を正月～四月、五月～八月、そして、九月～十二月の三期に分ける区切りでもあると考えられます。

その意味で、仏教における一つの区分法ですが、いずれにせよ、のんべんだらりではダメで、区切って注意を喚起してこそ、私たちも身心共にシャキッとするというわけですね。なお、浄玻璃の鏡については、後述の第一〇話、第八阿頼耶識のところで、もう一度お話したいと思います。

さて、第六意識はこのように、しばしば生活現場の時空を超えてはたらくのですが、場合によっては、自分の死後にも及びます。こんな句があります。

寒月め俺亡きあとも照りやがる　　小沢昭一

この句をどうみるか。つまり、いい句なのかどうか——。筆者には、その判断がつきかねますが、ちょっと、イヤ、大いに言葉遣いが荒い。というか、「寒月め」ときて「照りやがる」ですから、むしろ汚いという他ないでしょう。しかし、こういう言葉遣いでしか、その時の気分とか心境が表現できなかったのだとしたら、なにやら、打ち捨てがたいものを感じます。

この句の主役は、冬の夜空に皓々と照る月です。それはどこまでも白く、清楚そのものです。

――いっそ、あの「お月さま」を独り占めしたい。と、句作者が思ったとしも、不思議ではありません。皓々と照る寒月には、そんなことを思わしめる威厳と美を感じさせるものがあります。むろん、それを独り占めするなぞ無理筋も無理筋で、所詮は叶わぬことです。――と思った瞬間、可愛さ余って憎さ百倍。ではありませんが、それと同じような心の動転構造で、「お月さま」が一転「寒月め」といわざるを得なくなったのかもしれません。そうであれば、続いて出てくるのは、――コンチクショウ。の、ひと言でしょう。この俺サマ亡きあとも、こんなに白く清楚に照りやがるのか……。この句は、あまりにも清楚な月光に深く感動した反動の、ふと心に過《よ》ぎった黒い動きの表現ではないのか、と鑑賞してみました。

その節、実は「……弥陀《みだ》の五劫思惟の願《ねがい》をよく〳〵案ずれば、ひとへに親鸞一人がためなりけり」（『歎異抄』、傍点・引用者）の一文がしきりに思い出されました。――救われたい。というギリギリの思いというのは、つまりは「他ならぬこの自分こそ救われたい」ということでしょう。どの宗教救済もそうだと思いますが、原初の「救われたい」という生《なま》の思いは、この一点に尽きます。それが後に利他《りた》へと、視野の広がりをみせるのです。

たとえば、仏前勤行の最後に唱えられる「回向文《えこうもん》」は、

願以此功徳　願わくは此《こ》の功徳を以て
普及於一切　普く一切に及ぼし

我等与衆生　我等と衆生《しゅじょう》と
皆共成仏道　皆共《みなとも》に仏道を成《ぜん》ぜん

という偈《げ》です。つまり、経典読誦《どくじゅ》で発生した功徳というものを「普く一切（衆生）に及ぼ」すのだという利他の表明で、勤行を締めくくるのです。はっきりいえば差し障りがあるかもわかりませんが、最初から利他をかざす宗教は、そうとう眉唾物でしょう。

それはともかく、この句作者がその夜に見た寒月はとてつもなく清楚で、独り占めしたいほどだったのでしょう。よく真善美といいますが、真と善はともかく、美はたしかにそれを独占したい気持ちにさせるものがあり、あるいは、――小沢昭一一人がためなりけり。というものだったのかもしれません。そして、それがたとえ可能であったとしても、「俺なきあと」は、もうどうなるものでもありません。あるいは、寒月という自然の無限というか永遠性と、それを見上げている〈俺〉といういのちの有限性を、ふと思ってしまったのでしょうか。永遠の美と、限りあるいのちを生きる〈俺〉と……、それらをめぐる句作者の思いは、いかばかりだったでしょうか。

いずれにせよ、それもこれも、第六意識の志向あるいは動向であってみれば、第六意識の「広縁の識」ぶりは、見事という他ありません。しかし、それにしても、自分の亡き後も心配のタネなのですね。浜の真砂は尽きるとも、世に心配のタネは尽きまじ、ですか。

そういうものこそ、今はやりの断捨離の対象でしょうが、そこに思いを馳せ、調整してスッキリさせるのも、これまた、第六意識のはたらきということになります。

第七話　生きて仰ぐ空の高さよ赤蜻蛉《あかとんぼ》　夏目漱石

私たち日本人の平均寿命は、平成三十年（二〇一八）の時点で、女性がほぼ八十七歳・男性は八十一歳とのことです（厚労省の統計による）。

古稀の七十（数え年、以下同）はもう稀ではなくなり、七十七の喜寿も八十の傘寿も、元気溌剌で通過が当たり前の世の中――。と、いいたいところですが、この平均寿命とはまた別に健康寿命というのがあり、それは女性が約七十五歳・男性は七十二歳らしいです。この健康寿命は、自立して生活できる年齢のことで、平均寿命とかなり隔たりがあること自体、私たちの高齢社会もなにかと問題を抱えているわけですが、それはともかく、人生が以前に比べて、格段に長くなっていることは確かです。

医学や医療技術など、現代科学とそれにともなう技術の飛躍的な進展により、人の寿命は延びる一方で、まさにアンチエイジングの時代となっています。近年では、今世紀の中ごろには、私たちの寿命も百二十五歳ぐらいまで延びるだろうともいわれています。実は、仏教の古い論書の『大毘婆沙論《だいびばしゃろん》』（二～三世紀）に、百二十歳説というのがあると聞きますが、こうした寿命について、仏教一般では「人寿《にんじゅ》百歳」です。そして、それも、誰もが手に入れられるものというより、偶々そうして得られた長命を寿ぐ意味なのだろうと思います。

古来、人の思いは「不老長寿」に極まるといわれます。私たちはその意味で、長寿を手に入れつつありますが、残念ながら、不老とはいきませんね。しかし、それも、iPS細胞の臨床研究が重ねられ、それにかかわる医療技術が格段に進展すれば、さまざまな臓器は完全にパーツ化し、問題があれば取り換える——。と、いう考えが定着すれば、百二十五歳どころか人間、死なくなるでしょう。また、前五識の身識《しんしき》（五感覚の触覚）の現場といってよい皮膚なども適宜、取り換えることができれば、長寿に加えて、しっとり肌の不老さえ手に入ることができるのかもしれません。人間にとって、それが本当によいことなのかどうか——。いずれにせよ、そういう不老長寿時代における人生の意味は、どうなるのでしょうか。少なくとも、こんにちただ今、私たちが漠然とでも考えているような人生の意味とは、まったく次元の異なるものになることは確かでしょう。

なお、こうした不老長寿やアンチエイジングですが、いわば私たちがそうあってほしいと望むことがらです。つまり、人間の第六意識がそう望んでいるわけです。その点、深層心の第八阿頼耶識が肉体（有根身《うこんじん》）を大枠管理すると考える唯識仏教からすれば、度外れたいのちの延長は第六意識の越権行為ということになるのではないかと思いますが、これについては、また後ほど、第八阿頼耶識のところで取り上げたいと思います。

ところで、私は昭和二十二年（一九四七）生まれ、いわゆる団塊の世代です。こういう世代が青少年の時分、まだ「人生五十年」ということをしばしば耳にしました。漱石や子規が生きた明治は、まさにその人生五十年の時代でした。子規についてはまた後で取り上げるとして、漱石（一八六七〜一九一六）の享年は四十九歳（と、十か月）で、まさに人生五十年を生き切った人でした。

死はその当時、常に人々の身近にあったと思います。ほとんどの人は自分の家で亡くなりましたし、当然のように、その家から葬儀が出されました。その後も、四十九日《しじゅうくにち》の忌明けまで、初七日《しょなのか》・二七日《ふたなのか》・三七日《みなのか》……と供養が重ねられました。

余談ながら、私の住む奈良の、もう一昔も前の話ですが、初七日などの夕刻に親しい人たち（主に女性）が件の家に集まり、西国三十三所観音霊場のご詠歌を唱和して供養しました。三十三のご詠歌はけっこう時間を要しますので、途中、第二十四番の中山寺（のご詠歌）で、しばし休憩。ここで茶菓などが出て、ひと時、亡き人を偲びます。ご詠歌の唱和は哀調を帯びていて、私などもそうした中で、母との別れを受け入れていったのだと思います。いまから思えば、なにか生と死が混在しているような雰囲気でしたが、明治の時分、それはもっと濃厚だったでしょう。

さて、タイトルに掲出しました句は、明治四十三年（一九一〇）の作で、大病後のひと時、小康を得た心境を示したものかと思います。大病に苦悶する日々はまさに暗雲低く垂れこめた、なんとも重苦しい気分だったでしょうが、この句はいわば台風一過――、秋の空はどこまでも高いです。生きて仰ぐ、その空の高さがまた、いのちを生きる実感となって、漱石を大きく包んでいるようです。

そして、そのことを認識（確認）しているのは、もとより漱石の第六意識です。そして、第六意識と倶《とも》に生起して空を見上げる眼識の器官（眼根《げんこん》）も精気を取り戻し、さぞ生き生きとしていたでしょう。

その前、漱石は久しぶりに床から起きて、

竪《たて》に見て事珍らしや秋の山
坐して見る天下の秋も二た月目

などと、詠みました。二か月も臥せっていたので、最初は目が回ったでしょうが、しだいに視野も正常にもどり、ついに「生きて仰ぐ空の高さよ」となったものでしょう。そして、赤蜻蛉は季語に違いありませんが、この場合、赤は、生きる証の血の色を連想させます。それも、漱石の「自己」そのものといってよい第六意識がいかにも、いのちを生きる実感にあふれていることを物語るものではないかと思います。

なお、漱石には、「水仙の花鼻かぜの枕元」という滑稽な一句もあります。若き漱石は、ある冬の数日、風邪で寝込みました。家人の誰かが気をきかせ、そっと枕元に水仙の花を飾ったのはいいとして、鼻風邪なので鼻が利きません。唯識仏教でいえば、前五識の鼻識（の器官である鼻根）がやられていて無味無臭です（眼《げん》・耳《に》・鼻《び》・舌《ぜつ》・身《しん》・意《い》の六識と、それらの器官とそれぞれの認識対象については、第二話の表示を見返してください）。水仙の花は清らかな香りですが、それでいて、私たちをどこか一撃で仕留めるような強さがあります。でも、鼻風邪で機能低下した鼻識は、その鈍感さを発揮して、びくともしません。なんだか、ちぐはぐでおかしな雰囲気が伝わってくる一句です。

こうした漱石を、子規（一八六七～一九〇二）は、「我俳句仲間において俳句に滑稽趣味を発揮して成功したる者は漱石なり」（『墨汁一滴』）と評しましたが、それはともかく、子規は享年三十五歳。いかにも夭折でした。しかし、子規は晩年の二年間に、三つの日記を書き残しましたので（ドナルド・キーン『百代の過客〈続〉』所収「子規日記」による）、その様子をいろいろ知ることができます。

寝返りさえできない苦しい状況の日々でしたが、それらの一日々々は、一言でいえば、濃密そのものでした。毎日、新聞「日本」への寄稿を続け、また、新聞記事を通して社会への関心を持ち続けました。行動の自由をまったく奪われていただけに、子規の第六意識が向う興味関心の対象は実に広範囲にわたりました。まさに、「旅に病んで夢は枯野をかけめぐる」の子規版でした。

死の前年、明治三十四年三月十五日の「日本」への寄稿で、子規は、楽しみとか自由ということについて、次のように列挙しています（『墨汁一滴』）。

散歩の楽《たのしみ》、旅行の楽、能楽演劇を見る楽、寄席に行く楽、見せ物興行物を見る楽、展覧会を見る楽、花見月見雪見等に行く楽、細君を携へて湯治に行く楽、紅燈緑酒《こうとうりょくしゅ》美人の膝を枕にする楽、目黒の茶屋に俳句会を催して栗飯の腹を鼓《こ》する楽、道灌山《どうかんやま》に武蔵野の広きを眺めて崖端《がけはな》の茶店に柿をかじる楽。歩行の自由、坐臥《ざが》の自由、寐返《ねがえ》りの自由、足を伸す自由、人を訪う自由、集会に臨む自由、厠《かわや》に行く自由、書籍を捜索する自由、癇癪《かんしゃく》の起りし時腹いせに外へ出て行く自由、ヤレ火事ヤレ地震といふ時に早速飛び出す自由。——総ての楽、総ての自由は尽く余の身より奪ひ去られて僅かに残る一つの楽と一つの自由、即ち飲食の楽と執筆の自由なり。しかも今や局部の疼痛劇《はげ》しくして執筆の自由は殆ど奪はれ、腸胃漸く衰弱して飲食の楽またその過半を奪はれぬ。アア何を楽に残る月日を送るべきか。

しかし、「尽く余の身より奪ひ去られた」とはいえ、ここに掲出された楽しみと自由の項目にこそ、子規の社会に対する多岐にわたる関心のさまが窺えます。そして、「局部の疼痛劇しく執筆の自由は殆ど奪はれ」た状況とはいえ、「日本」への寄稿を続け、自覚的な社会の一員であることを示しました。しかし、それにしても、耐えがたい苦悶の下、わが身を材料にして、しばしば「滑稽趣味を発揮して成功」（傍点・引用者）しました（同年四月九日寄稿）。

一　人間一匹
右返上申候《へんじょうもうしそうろう》但《ただし》時々幽霊となつて出られ得る様以特別《とくべつをもって》御取計可被下候《くださるべくそうろう》也
明治三十四年月日　　何がし
地水火風《ちすいかふう》御中

宛先の地水火風とは、物質を構成する四つの元素（四大《しだい》）のこと。それらのバランスが崩れると身体も病むので、病気のことを四大不調というわけです。こうした自分の肉体を構成している元素群宛てに草した、人間返上の通知書です。ただ、それで終りでは甚だおもしろくない――。時々は幽霊となってこの世に出たいので、そのように取り計らってくれ、というのです。時々幽霊となってこの世に出たいというのは未練ですが、それもまた、子規の第六意識の仕業です。弱冠三十五歳では、言いたいことも・したいことも、それこそ山ほどあったでしょう。

同年五月二十一日の寄稿も、激痛のわが身に取材し創作したものです。子規が閻魔と面談し、言いたい放題の滑稽一幕です。一部抄録ではあまりにも惜しく、やや長いですが、全文を引きます（適宜改行は引用者）。

余は閻魔の大王の構へて居る卓子《テーブル》の下に立つて「お願ひでござりまする。」といふと閻魔は耳を擘《つんざ》くやうな声で「何だ。」と答へた。そこで私は根岸の病人何がしであるが最早御庁《おんちょう》より御迎へが来るだらうと待つて居ても一向に来んのはどうしたものであらうか来るならいつ来るであらうかそれを聞きに来たのである、と訳を話して丁寧に頼んだ。

すると閻魔はいやさうな顔もせず直《すぐ》に明治三十四年と五年の帖面を調べたが、そんな名は見当らぬといふ事で、閻魔先生少しやつきになつて珠数《じゅず》玉のやうな汗を流して調べた結果、その名前は既に明治三十年の五月に帳消しになつて居るといふ事が分つた。それからその時の迎へに往《いっ》たのは五号の青鬼であるといふ事も書いてあるのでその青鬼を呼んで聞いて見ると、その時迎へに往たのは自分であるが根岸の道は曲りくねつて居るのでとうとう家が分らないで引つ返して来たのだ、といふ答であつた。次に再度の迎へに往たといふ十一号の赤鬼を呼び出して聞いて見ると、なるほどその時往たことは往たが鶯《うぐいす》横町といふ立札の処まで来ると町幅が狭くて火の車が通らぬから引つ返した、といふ答である。

それを聞いた閻魔様は甚だ当惑顔に見えたので、傍から地蔵様が「それでは事のついでにもう十年ばかり寿命を延べてやりなさい、この地蔵の顔に免じて。」などとしやべり出された。余はあわてて「滅相《めつそう》なこと仰しやいますな。病気なしの十年延命なら誰しもいやはございません、この頃のやうに痛み通されては一日も早くお迎への来るのを待つて居るばかりでございます。この上十年も苦しめられてはやるせがございません。」

閻王《えんおう》は直に余に同情をよせたらしく、「それなら今夜すぐ迎へをやろ。」といはれたのでちよつと驚いた。

「今夜は余り早うございますな。」

「それでは明日の晩か。」

「そんな意地のわるい事をいはずに、いつとなく突然来てもらひたいものですな。」

閻王はせせら笑ひして「よろしい、それでは突然とやるよ。しかし突然といふ中には今夜も含まれて居るといふ事は承知して居てもらひたい。」

「閻魔様。そんなにおどかしちやあ困りますよ。(この一句菊五調《きくご》)」

閻王からから笑ふて「こいつなかなか我儘《わがまま》ツ子ぢやわい。(この一句左団調《さだん》)」

拍子木《ひようしぎ》　幕

いうまでもなく、菊五や左団は当時人気の歌舞伎役者菊五郎と左団次で、その口調で締めくくるなぞ、いかにも気の利いたものですが、こうした諧謔を弄した文筆活動の刻一刻もまた、死が激痛をともなって迫ってきています。しかし、そうした死の自覚こそ、子規の生を濃密なものにしていたのだと思います。生と死は、「幽明境《ゆうめいさかい》を異《こと》にす」の観点からいえば、別々のものに違いありません。しかし、死の自覚が、いのちを生きる意味を濃厚・濃密なものにするものなれば、決して別々のものではありません。

死の側より照明《てら》せばことにかがやきて　ひたくれなゐの生ならずやも　斎藤　史《ふみ》

という素晴らしい短歌があります。ふつう、死は生を否定するものです。が、そういう死の側から生を照射してみれば、生は、殊に輝いて感じられるものだ。それはまさに「ひたくれなゐの生」――。「ひたくれなゐ」を漢字で示せば「真紅」、まさに、赤き血潮です。漱石も子規も、この生と死の微妙な隘路《あいろ》を、一歩々々踏みしめながら歩いたのだと思います。

先に一瞥しました子規が楽しみとして挙げたものに、「道灌山に武蔵野の広きを眺めて崖端の茶店に柿をかじる楽」というのがありました。子規は柿が好きだったようですが、その柿を詠んだ句に、

柿くふも今年ばかりと思ひけり

というのがあります。いのちの限界を見きわめ、それを確実に自覚した時、人はどうなるのでしょうか。目をカッと剥《む》くのか、それとも、目をそっと閉じるのか――。そのいずれであれ、さまざまな光景が次々に浮んでは消えるのでしょう。浮びあがった光景、あるいは、さまざまなイメージ、日ごろの問題意識……。それらをめぐる心の動きは、唯識の用語でいえば「独頭《どくず》の意識」でしょう。密やかな心のはたらきに違いありませんが、また「意業《いごう》」ともいわれるように、それらは紛れもなく、行為であり行動そのものです。

子規にあっては、晩年の二年間、常に病床にあり、かつ寝返りさえできなかったにもかかわらず、その意業、独頭意識が傑出したものであったことは、『墨汁一滴』『病牀六尺』『仰臥漫録』という三つの日記を一読するだけでもわかります。

第八話　夾竹桃《きょうちくとう》しんかんたるに人をにくむ

加藤楸邨

仏教では、よく「業《ごう》」ということをいいます。この仏教語には、ご承知のように、いろいろと手垢がついていて、語感というかイメージはよろしくありません。しかし、元来はすなおに、行為とか行動の意味です。こうした行ないについて、仏教の創唱者釈尊の話しぶりを髣髴させるといわれるもっとも古い経典の一つに、たとえば、

生れによって賤しい人となるのではない。
生れによってバラモンとなるのではない。
行為によって賤しい人ともなり、
行為によってバラモンともなる。

と、簡潔に述べられています（中村 元／訳『ブッダのことば——スッタニパータ』一三六）。なお、賤しい人とはどういう人のことなのか教示されたい、という質問にブッダは、具体的な例を二十ほど揚げて述べています。ちなみに、その一、二を次に引いてみましょう。

怒りやすくて恨《うら》みをいだき、
邪悪にして他人の美徳を覆《おお》い、
誤った見解を奉じ、たくらみある人、
——かれを賤しい人であると知れ（一一六）。

相手の利益となることを問われたのに不利益を教え、
隠して事を告げる人、
——かれを賤しい人であると知れ（一二六）。

これのいわば反対概念がバラモン（ここでは、清らかな人と理解しておきます）ですが、いずれにせよ、行為がその人をつくるのだということの唯識的見解はいずれ、第八阿頼耶識《あらやしき》のところでお話したいと思いますが、こうした行為とか行動、つまり、業について、仏教では一般に「身《しん》・口《く》・意《い》の三業《さんごう》」の分類が用いられています。身業は、身体的な動作をともなう行ない、口業は、コトバを用いたもの。そして、意業は、心にあれこれ思うことです。

もっとも、こうした分類は便宜的なもので、私たちの行為・行動の実際は連続性をもっており、現実にはこれら身・口・意の三業が複合しています。ただ、身・口の二業は直接、社会的評価の対象となります。たとえば、他者を殴打する身業とか誹謗中傷する口業は、程度にもよりますが、罪に問われ得るものです。しかし、心にあれこれ思う意業は表に出るものではありませんので、いくら心の中で相手を罵詈雑言《ばりぞうごん》しても、少なくとも当面は何の問題もありません。ただ、いきなり殴打というのはありませんから、その場合は、他者を殴打するに至った経緯や動機としての意業が問われることはあり得ます。しかし、意業それ自体がその時点で、社会的叱責を受けたり、人間としての資質が問題視されたりすることはありません。

しかし、そういう意業にも、イヤ、意業にこそ、人間を超えたものの視線が注がれている——。そのことを、世間に示し・問いかけていくのが宗教の本来ですが、この点、日本中世の唯識仏教を代表する解脱上人貞慶《じょうけい》（一一五五〜一二一三）は、

他人の短をば斥し居《さお》れども、身の上の過《とが》をば顧みず。自ら人目を慎むといえども、まったく冥《みょう》の照覧《しょうらん》を忘れぬ。

と、端的に述べています（『愚迷発心集』）。人が見ているところでは、誰にいわれるまでもなく

身・口の二業を慎むのだけれど、人の目に触れない意業は慎むどころか、好き勝手のし放題ではないか。しかし、その心の中にこそ冥（人間を超えたもの、神仏）の視線が注がれているのだ。その自覚の無さよ……。と、貞慶は自らに問うています。

ところで、藤沢周平さんの句に、

軒を出て狗《いぬ》寒月に照らされる

というのがあります。本人お気に入りの句だそうですが、句作者の思いはともかく、本書風に味わえば、軒とは心中。あるいは、軒は第六意識で心の表面——、その奥の建物本体が、第七末那識と第八阿頼耶識という心の深層領域になるでしょうか。

いずれにせよ、心の中であれこれ思い、たとえ愛憎を募らせたとしても、当面、世間の耳目《じもく》の対象になりません。しかし、その意業に端を発して、憎い思いが身業となって暴力、また、口業となって罵詈雑言、相手を誹謗中傷すれば、世間の冷たい視線がそそがれます。あたかも、軒を出た（身業と口業という）狗が寒月に照らされるように、です。

仏教一般ではこのように、私たちの行為・行動を身・口・意の三業に分類します。しかし、すでに何度もお話していますように、唯識仏教は、すべてのものごと・ことがらを心の要素に還元して考える立場ですので、こうした身・口・意の三業も、意の一業に集約して考えるわけです。

そして、その一覧が、まさに先の第四話でみた五十一の心所リストです。唯識では、私たちの行為とか行動というものを、この五十一の心所（心のはたらき）としてみるわけです。第四話に掲げた心所リストは、その意味で、私たちの行為行動の一覧なのです。折にふれて、見返していただければ、と思います。

さて、第八話のタイトルに出しました句は、私のような俳句門外漢にとって、鑑賞が難しいです。そこで、この句の鑑賞を、『ハンディ版 入門歳時記 新版』（角川書店）に委ねたいと思います。

夾竹桃の紅の花が咲き誇っている。炎天、歩く人もなく、人声もしない。森閑と静まり返っている日中。自分は夾竹桃の花を視野の一隅に入れながら、ある人を憎む気持ちが起こる。許しがたい裏切り、背信。

——ああ、なるほど。そういう状況なのですね。たしかに、森閑と静まり返った一瞬、なぜか、思い出したくもない人の顔が突然浮かんでくることがあります。それ、よくわかります。その憎き顔が向って、——コンチクショウ、なにをのうのうとしていやがる。さっさと地獄へ行け。なぞと、あらんかぎりの恨《うら》み辛《つら》みを、罵詈雑言にのせて心のうちに吐く……。そして、その無声の、あるいは、密やかでどす黒い声の憎悪が、他でもない自分の心を、夾竹桃の花の紅のごとく、一層熱く悩ませるのですね。

しかし、それにしても、森閑と静まり返り、誰も自分を邪魔する気配のいささかもない状況は、いってみれば、心を集中させて静寂のひと時を営むに、うってつけのはずです。それなのに、心に浮び上ってくるのは、なんと、思い出したくもない人の顔です。他に思い出したい顔ならいくらでもあるでしょうに、選《よ》りに選って、なんでアイツがニタニタ笑いながら出てくるのか――。ほんとに不思議です。しかし、こういうことは、実に多いです。こういう句もあります。

にくい顔思い出し石ころをける　尾崎放哉

思い出した憎い顔は大概、ニタニタ笑って人を小馬鹿にしているか、あるいは、すぐわかるウソをついても、しれっとしているあの顔です。腹立ちまぎれに、たまたまそこにある小石を蹴ったのです。それで一件落着したかどうか。それはわかりませんが、夾竹桃の句よりは、憎悪の気持ちがネチネチしていない感じです。石ころを蹴るという身体動作で、あるいは、句作者の暗い気分がいくらか解消されたのかもしれません。先にみた子規が列挙した「楽《たのしみ》と自由」

の中に、「癇癪の起りし時腹いせに外に出て行く自由」というのがありましたが、パッと外に飛び出して、しばらくその辺を歩けば、癇癪も治まるわけですね（『墨汁一滴』七話）。

しかし、それはともかく、このように不意に憎悪の気持ちが起こるのは、それだけ、自分が思っている以上に、その人が憎いと心に秘めているからでしょう。これが、親しい友人と談笑している時なら、その語らいに第六意識の心が強くかかわっていて、その憎い人なぞ、いわば後方に押しやられて影も形もありません。その意味で、森閑と静まり返った状況は、意外に危険といえるかもしれません。いずれにせよ、こうした時、第六意識という心に浮び上ってくるのは、まさに独頭《どくず》の意識です。

すべってころんで山がひつそり　　種田山頭火

という句があります。旅の途中、峻険な山道でも歩いていたのか、足がもつれて、すべってころんで、無様なことです。こんな時、不意に独頭の意識が起こって、思い出したくもない憎い顔が浮び上り、そこに日ごろ自分を貶《けな》す人たちの声がこだまのように聞こえてくる。それこそ、――コンチクショウ。の一つも、山頭火は喚《わめ》いたのではないですか。しかし、奥深い山は、そんな埒《らち》もない声を吸い取って、どこまでも静寂、まさに寂静そのものです。山頭火はその時、自心の乱れを恥じ、――ひっそりとしたこの山のようにならねば。と、学んだのではないですか。

ちなみに、仏教の道筋をひと言でいえば、

散心《さんじん》から定心《じょうしん》へ

です。仏教では、あれもこれもと定まらない散漫な心（第六意識）はそれ自体が不善心で、六位五十一心所リストでいえば、煩悩と随煩悩の躍動する場になります。そうした散心ではなく、定心へと転換していく道こそ、仏教二千五百年の古道です。

この「定」という心のはたらきは、唯識の心所リストでいえば、「別境《べっきょう》」に分類されるものです。ちなみに、五十一の心所を分類する六位（六つのグループ）を、左に再掲します。

①遍行位《へんぎょうい》……どのような認識にもはたらく基本的なもの〔5〕
②別境位《べっきょうい》……特別な対象にだけはたらくもの〔5〕
③善位《ぜんい》……仏の世界に順ずるもの〔11〕
④煩悩位《ぼんのうい》……仏の世界に違反するもの〔6〕
⑤随煩悩位《ずいぼんのうい》……煩悩から派生した仏の世界に違反するもの〔20〕
⑥不定位《ふじょうい》……その他〔4〕

仏教の分類法ですので、基準はもとより「仏の世界」で、それに順ずるか否かで、大きく二つのグループに仕分けされます。それが、③の善グループと、④⑤の煩悩・随煩悩グループです。つまり、「善と煩悩」という枠組みです。ふつう、こういう場合は、「善と悪」でしょう。このほうがわかり易いので、仏教者もついそう述べてしまうのですが、仏教では、煩悩＝悪とは言い切らないのです。それで、「善と不善」といったりもします。このほうが仏教的なのですね。これは、私たちを苦悩させてやまない煩悩も、正しいエクササイズ（修行）を重ねれば質的転換もあるのだという判断が、仏教にあるからでしょう。

なお、当面の話題の「定」が分類される②の別境グループは、仏の世界に順ずる場合にも、また、仏の世界に違反する場合にもはたらく可能性がありますので、別境というグループを別に立てているのですが、これも第一義的には、仏の世界に順ずる心のはたらきとして取り扱うことになっています。

この別境グループに分類される心所《しんじょ》は、

欲《よく》　希求する
勝解《しょうげ》　深く了解する
念《ねん》　記憶する

定《じょう》　集中する
慧《え》　択び分け、正邪を判断する

の五つです。これらの心所は、これぞという対象に対して作用しますが、先ほど指摘しましたように、第一義的には、善の方向で取り扱いますので、欲の心所も、「善法欲《ぜんぽうよく》」といって、善き仏法を学ぼうと希求する心所。そうして真実希求した善法を深く了解するのが、勝解の心所です。そして、定の心所もそうです。この定についての定義の一つに、

心一境性《しんいっきょうしょう》

というのがあります。なにか一つの対象に心を定める、専心あるいは潜心ですね。瞑想も、ただ瞑目するだけでは、心に次から次へとさまざまな思いが湧き出して、収拾がつきません。そうではなく、たとえば、かねて念ずる（記憶している）仏像のスガタ・カタチを想起し、その一境に心を集中させれば、そこに、散心から定心への道筋が立っていきます（拙著『仏像 みる・みられる』角川書店）。

私たちにあっては当面（そうとう当面ですが）、煩悩や随煩悩を無くすことはできません。しかし、仏教に適う一境に集中することによって、それらを第六意識の後方に徐々に脱落させて

いくことはできるわけです。

以上、八話にわたって、心の深層領域（第七末那識、第八阿頼耶識）に適宜ふれながらも、主に心の表面の前五識と第六意識について、粗々《あらあら》学んできました。次からは、いよいよ心の深層領域の概要をお話したいと思います。

＊コラム③　黙然と火鉢の灰をならしけり　夏目漱石

——心を静める。ということで、私たちが直に思いつくのは、この身をとにかく静かなところに置くということですね。喧噪でなにかと錯綜する日常を避け、静寂な時空に身を置けば、こんなにイライラすることもないのに……、というわけです。

でも、第八話のタイトル句のように、一時的にしろ、そうした深閑とした時空にありながら、憎い人の顔がぬっと思い出されて、憎悪の心が色めき立つ。ということも、実はそんなに珍しいことではありません。というか、まさに、「小隠は山中に遁《のが》れ、大隠は市井《しせい》に遁る」なのですね。小隠とは、この場合、私たちのことでしょう。静寂を求めて一時的に山中（静かなところ）に遁れても、肝心の心がしっかりしていないと、静寂であればあるほど、悩ましいことどもが思い出されて、哀れ、心はいっそうかき乱され、散漫な様相を呈するのですね。「夾竹桃しんかんたるに人をにくむ」も、心が無防備なまま、いわば突然「しんかんたる状況の中」に放り出されたから、そうなったのです。

東洋美術史家で歌人の秋艸道人會津八一に、

ふるてらの　みだうのやみに　こもりゐて　もだせるこころ　ひとなとひそね

という短歌があります。わかり易く表記すれば、「古寺の 御堂の闇に 籠り居て 黙《もだ》せる心人な問いそね」。古寺のお堂の闇は、人をおのずと深い沈黙に誘います。――何を想っているのですか。なんて問いつめず、そのまましばらくそっとしておいてくださいませんか。と、いうのでしょうが、ここには、――喧噪と饒舌の日常をきっぱりと離脱し、静寂と沈黙の世界をひたるのだ。という心が定まっています。こうしたところには、不意にも憎い顔がぬっと現われるということもないでしょう。

――仏教とは何か。というテーマをめぐっては、さまざまに論じられますが、そこから仏道の筋を取り出せば、本文でしばしば指摘するように、「散心《さんじん》から定心《じょうしん》へ」です。しかし、この道筋は、ちょっとした静けさだけでは得られない。静かな時の流れが、それなりの間つづかなければいけないのですね。漱石に、

世をすてて太古に似たり市《まち》の内

という句があります。本歌は、陶淵明《とうえんめい》の「飲酒」(其の五)冒頭の「廬《いおり》を結んで人境《じんきょう》に在り、而《しか》も車馬の喧《かまびす》しき無し。……心遠ければ地自ずから偏《へん》なり」で、もうすっかり陶淵明の気分ですが、そういう市の内にいて、ふと気が緩んだのかどうか、

の句があります。差出人は知らない人だけれど、あるいは、小説の高評かも。「親展」とあるので早速開封してみれば、なんのことはない、とんでもない「無心の書状」だったのでしょう。ひょっとすると、――俳句をしたためた短冊の一つも下されたし。と、軽々しいおねだりだったかもしれませんね。漱石先生、たちまち不愉快となり、その書状を封筒ごとギュっとねじって、机の横の火鉢に投げ入れました。一瞬燃え上がる炎に、「ふざけるな」と声を押し殺しつつも叫んだかどうか。いずれにせよ、その親展状に火がついて燃え上がったように、心苛立ったことがわかります。

ところで、火鉢です。昨今、冷暖房の空調が当たり前になり、日常生活からほぼ姿を消してしまいました。そんな昨今では、火鉢といっても、なんのことやら、でしょう。以前は、家族が集まる居間や書斎には、大きな火鉢が置かれていて、秋から冬、そして春先にかけて存在感がありました。年寄のいる家では、梅雨冷えを用心して、夏になってようやく火鉢が片づけられました。

そういう火鉢の五徳《ごとく》には鉄瓶がかけられていて、そのたぎった白湯で、いつでもお茶が飲めました。就寝時や外出の際などは、炭火に灰を被《かぶ》せて（空気の供給を一時的に止めて）、火の用心に兼ねて炭火がたってしまわないようにしたものです。漱石に、

黙然と火鉢の灰をならしけり

の句がありますが、その「灰をなら」すのが火箸ですが、これも昨今では、みたこともない人が多いのでしょう。被せた灰から炭火を出すのも・新しい炭を足すのも、火箸を使ってします。しかし、そんな用もないのに、火箸で灰をならしたりするのは、手持ち無沙汰の手慰みですが、これがけっこう、苛立ったり・高ぶったりする心を静める効果があるのですね。灰をならしたり・草むしりしたり……、そういう比較的単純な所作の中に、あれやこれやの雑念が浮かんでは消える散心を制する契機があるのですね。仏教寺院で「作務《さむ》」が重い意味を持つゆえんです。

Ⅱ　わが深層心——末那識と阿頼耶識

第九話　パナマ帽脱げば砂上の影も脱ぐ

横山白虹

先の第四話に、「菱餅の上の一枚そりかへり」の句を取り上げ、そのイメージを頼りに、私たちの心の構造について学びました。上の反り返った一枚は、前五識《ぜんごしき》と第六意識の表面心。その下は心の深層領域で、中の一枚は第七末那識《まなしき》、そして、最下の一枚は第八阿頼耶識《あらやしき》という見立てでした。

上の一枚が反り返っているというのは、いかにも穏やかでない印象です。五感覚の前五識はともかく、第六意識は（当面の）自己そのもので、私たちは、この第六意識のはたらきによって、自覚的に日常生活を営んでいるわけです。そうした時、第六意識があたかも凪いだ海のようであれば、よろしいのですが、私たち凡人にとっては、なかなかそういう心穏やかな日常というわけにはいきません。

それというのも、私たちの日常は比較相対の世界で、絶えず他者との比較に追われているからです。比較して、自分が上のように思われれば上機嫌ですが、それをいいことに、いよいよ慢心を募らせます。一方、相手が上なら、甚だ不機嫌――。たちまち嫉妬の炎です。私たちの日常は、その濃淡はともかく、慢心と嫉み心が交差する中で営まれています。これについて、もう少し視野を拡げれば、愛と憎しみが交差する世界ということになりますね。いずれにしても、心は穏やかでなく、いかにも反り返ったイメージです。ちなみに、

暮しは分が大事です
気楽が何より薬です
そねむ心は自分より
以外のものは傷つけぬ

という四行詩があります（堀口大學「座右銘」）。くれぐれも他との比較なぞせぬよう、詩人が自分自身に言い聞かせたものです。そして、自身が納得できる「分」というものを見い出し、それを超えない気楽生活が理想だというのでしょう。三行目の「そねむ心」とは、嫉妬のことです。他との比較で嫉妬心を起せば、心穏やかならず、他ならぬ自分が傷つくのです。――そんなつまらぬことは、止せ。というわけですね。それは、慢心も同じでしょう。

さて、その慢心、つまり、「慢の心所」（④煩悩位に分類される心所。第四話、第八話を参照）

の意味ですが、「自己を恃《たの》み、他をあなどる」心の動きです。要するに、一つの自己愛というか自己中心性の発露ですね。

日本大衆文学の草分けの一人・平山蘆江の都々逸（街歌）に、

一天四海《いってんしかい》のまん中ほどに　あなたと私とお月様

というのがあります。この「あなたと私とお月様」という順番に、ご注目あれ。いい人ができれば、誰だってこの順番でしょう。月もまた、その場のムードを盛り上げるものでしかない……。しかし、一天四海という全世界のど真ん中に在る、その順番の本音――。それは当然、〈私〉が一等最初でしょう。第六意識の自己中心性は、なかなかの強心臓です。ただし、そういう自己中心性をむき出しにすると、なにかと事がしっくり運びませんので、私たちは適宜、それを薄めながら社会と折り合いをつけていて、――行き過ぎたナ。と、顧みて自己規制すること、しばしばです。私たちの心つまり第六意識は、そういう社会性と自己中心性の調整に日ごろ腐心しているわけです。

ところが、私たちの心の表面ばかりでなく、深層領域にも自己中心性・自己愛がうごめいており、（当面の）自己たる第六意識が自己規制するそのいわば裏側で、しこしこと自己中心性を主張して止まないのです。しかも、――自己中、大いにケッコウ。と、第六意識に向け、いわば声なき声というか音なき通奏低音で、絶えず囁きかけている……。それが、深層領域の第七末那識の概要です。

この末那識を明確化したのは、西暦五世紀頃インドに出た世親（ヴァスバンドウ、天親とも）で、晩年の著述といわれる『唯識三十頌《じゅ》』の第五～七頌に、その特性やはたらきを簡潔に述べています。拙著『唯識とはなにか 唯識三十頌を読む』（角川ソフィア文庫）に、玄奘訳の本文とその現代語訳および解説がありますので、あわせて参照していただければ、と思います。

さて、タイトルとして掲出した句です。この句を素直に読めば、〈私〉という本体が帽子を脱げば、砂上の〈私〉の影も帽子を脱ぐわけですね。当たり前といえば、あまりにも当たり前です。しかし、もし〈私〉が帽子を脱いだのに、〈私〉の影が脱がなかったら、それこそ恐いハナシですが、影も無事？脱ぎましたので、どうということもありません。ただ、今どきパナマ帽なんて誰も被りませんので、この句が詠まれた時代背景を知れば、隠された意味もあらわになるのかもしれません。

しかし、それはともかく、本書風に味わえば、〈私〉という本体とは、要するに、（当面の）自己たる第六意識です。そして、その第六意識が帽子を脱ごうと思い、そして、現に脱いだわけです。帽子を脱ぐかどうかは些細なことですが、ことほどさように、第六意識が私たちの日常全般を取り仕切っている……。と、読みたいと思います。第六意識を（当面の）自己そのものという所以です。しかし、——ほんとにそうなのか。と、いうのが、この第九話です。

なるほど、第六意識が私たちの日常のあらゆる場面にかかわっていて、ことの好悪《こうお》も是非もなにもかも、第六意識の判断です。あまりやりたくない仕事も、——マァおつきあいだから。と、後々のことを考えて引き受ける決定をするのも、第六意識です。しかし、深層の第七末那識のはたらきを知る唯識仏教の立場からすれば、たしかにそうだけれども、この本体と影の位置を逆にしてみたい。それによって、ことの真相があらわになるというわけです。つまり、パナマ帽を脱ごうと思うのが第七末那識、そして、その無声の意思とささやきに導かれて、第六意識の砂上の影も脱ぐ……。

もっとも、わざわざ逆にせずとも、たとえば、

われをつれて我影帰る月夜かな　　山口素堂

の句もあります。「われ」とは本体の〈私〉、その本体の〈私〉をつれて帰る「我影」——、影が本体をリードして帰宅する、なんとも不思議な情景です。しかし、この「われ」を導く「我影」に、深層の自己中心性・自己愛の第七末那識のはたらきを重ねてみたいと思うわけです。

なお、この俳句の原《もと》の表記がこの通りだとして、本体の「われ」がひらがな表記、他方、本来二次的であるはずのものが「我影」と漢字表記です。「われ」は、はっきりいって希薄、一

方、「我影」に濃い存在感を感じます。あまりにも佳い月夜なので、良寛さんなら、――月を看《み》て終夜嘯《うそぶ》き、花に迷うて言《ここ》に帰らず……。と、漂泊もまたよしですが、「われ」は明日の予定もある世俗の人でしょう（多分）。――だから、もう帰りましょ。と、「我影」が、いつまでもここにいたい「われ」を誘って帰る……。そんな光景でしょうか。この構図に、密かに第六意識にささやきかける第七末那識と、その影響下にある第六意識の関係をみたいと思います。

第四話で、あらかじめ述べておきましたが、第七末那識も、本識《ほんじき》の第八阿頼耶識から転変したもので、末那とは、「恒審思量《ごうしんしりょう》（恒に審らかに思い量る）」を意味するサンスクリット語「マナス」の音写です。問題は、なにを恒審思量しているのかですが、末那識は阿頼耶識を認識対象として、「これぞ不変な自分という実体」だと思量するというのです。そして、そうであれば、その実体たる阿頼耶識を執着して止まない――。私たちの意識下では、そういう心の動きがあるというのが、唯識の見解です。

そして、その一方で、第七末那識は、（当面の）自己たる第六意識に対して、自己愛というか自己中心性の正当性を声なき声で絶えずささやきかけていると唯識仏教は考えています。まことに厄介な心のはたらきですが、なにせ心の深層領域のはたらきでもあり、表立っては無きがごとく静かなものです。

「菱餅の上の一枚そりかへり」で、――ああダこうダ。と、なにかと騒々しい第六意識と、最下の第八阿頼耶識にはさまれた中の一枚は、なにやら知らん顔の音無しの構え――。末那識は、そんなイメージです。

こうした心の深層に潜んで終始無言で自己中心性を主張する末那識は、なにはともあれ、染汚《ぜんま》心と考えられています（染汚は不浄、けがれている意）。私たちは、そうした厄介なものを意識下に身につけて、この世に生を受けたというのです。ただ、染汚心だといっても、まったくどす黒くて、どうしようもないというものではありません。こうした末那識の性質について、世親は明確に「有覆無記《うふくむき》」のものだと記しています。

ものごと・ことがらの性質について、仏教では一般に、「善・悪（不善）・無記」の三性を立てています。善性は仏の世界に順ずるもの、悪（不善）性は仏の世界に違反するもの、そして、無記性はそのどちらでもないものです。だから、無記はいわばニュートラルの性質ということになります。

ただ、この無記にも、なお、

無覆《むふく》無記

有覆無記

の二つがあると、唯識仏教では考えられています。このなか、先にもふれましたように、末那識は「有覆無記」です。少しややこしいですが、末那識という心王《しんのう》（本体）の性質はどこまでもニュートラルなのですが、これに相応する心所《しんじょ》（心のはたらき）に問題があるので、無記なのだけれど、有覆だというわけです（有覆は、私たちが仏道を歩むにさいして障害となる意味です）。

つまり、本来、無記性の第七末那識そのものは、染汚の識体ではないのですが、一緒にはたらく心所がよろしくないので、本来のスガタが損なわれるというわけですね。

さて、そのよろしくない心所について、世親は、――我癡・我見・我慢・我愛の四つの煩悩だ。と、端的に述べています。この四煩悩は、五十一心所リストの煩悩グループに分類される、

癡《ち》　真理・道理に暗い
悪見《あっけん》　誤った見解に立つ
慢《まん》　自己を恃み、他をあなどる
貪《とん》　むさぼる

と同じものです。ただ、第七末那識の場合、第八阿頼耶識こそ「不変な自分という実体」だと誤認し、同時に、その実体に執着します。これら四煩悩も、そうした末那識に相応してはたらきますので、それぞれ「自分というもの（我）」が強調され、

我癡《がち》　自分の本来のスガタを知らない
我見《がけん》　自分を実体視する
我慢《がまん》　自負して他者をあなどる
我愛《があい》　実体視した自分に愛着する

として作用するのだというのです。

第七末那識はこのように、その本体の性質は無記性。ただし、相応する四つの心所が汚れたはたらきをするので有覆という、なかなか微妙な心です。こうした心の動きは深層領域でのことで微弱ですが、やはり一番の問題点は、第六意識に向けて、絶えず自己愛・自己中心性をささやきかけるということでしょうか。

意識下の第八阿頼耶識にしても第七末那識にしても、それこそ眠らない識体ですから、末那識がささやく自己中心性は、文字通り、寝ても、覚めても、です。そしてまた、第六意識も、そうした第七末那識をよりどころとしていますので、私たちの心は、それこそ微妙なのです。

こうした第七末那識について、鎌倉時代、唯識を立場に活躍した解脱上人貞慶《じょうけい》の遺風の下、唯識仏教を学んだ興福寺の良遍《りょうへん》（一一九四〜一二五二）は、名著『法相二巻抄』の中で、凡夫ノ心ノ底ニ常ニ濁《にごり》テ、先《さき》ノ六《むつ》ノ心ハイカニ清クヲコレ《（起）》ル時モ、我ガ身我ガ物ト云フ差別《しゃべつ》ノ執《しゅう》失セズシテ、心ノ奥ハイツトナクケガル《（汚）》ヽガ如《ごと》キナルハ、此《この》末那識ノ有ルニ依《よっ》テ也。

と記しています。「先ノ六ノ心」とは、いままでいろいろと学んできた表面心の前五識と第六意識のことです。五感覚の前五識はともかく、（当面の）自己たる第六意識がどんなに清らかなものであっても、心の奥底はいつも、なにかしらどろんと薄汚れている……。と、いうわけですね。

　こうしたことは、末那識という意識下の微弱なはたらきですから、明瞭にわかるわけでもありません。しかし、第七末那識の影響を絶えず受けている第六意識という自覚的な心を、私たちが深く顧みる時、社会性と自己中心性の間で大きく揺れるさまを目の当りにする他ないでしょう。その時、私たちは、「心の奥は、いつとなく汚るるが如き」気分に思い至るのではないかと思うのです。

　ところで、こうした末那識を悪の権化のように理解する向きもありますが、それはどうかと思います。仏教でも、わかりやすいのでつい「善と悪」などといってしまうのですが、「悪」ときめつけず「不善」とするほうが、より仏教的な言い回しかと思います。「善と不善」ですね。そして、不善を行なわず、その一方で、善を大きく積み上げていくほどに、見えてくるのが「覚《さとり》」とよばれる境地、いわゆる仏道の最終目標です。

その覚というものを「覚の智慧《ちえ》」によって理解しようとするのが、唯識仏教です。私たちは、第八阿頼耶識を本識とし、そこから転変した第七末那識・第六意識そして前五識の、都合八識によってこんにちただ今を生きているわけですが、そうした「識」の認識作用、とりわけ（当面の）自己たる第六意識と、自己中心性をささやいて倦むことのない第七末那識の認識は、比《ひ》量《りょう》も非量《ひりょう》もあって、なにかと問題の多い知り方です。

他方、「智慧（または、智）」は、瞬時にして、ものごと・ことがらの本質を洞察する知り方です。この識から智への移行が、いわゆる覚の時点で行なわれる——。それが、唯識仏教の「転識得智《てんじきとくち》（識を転じて智を得る）」の考え方です。

そうして得られた「智」によって見られた現象世界の本質が、いわゆる「真如《しんにょ》」とよばれるものですが、それはともかく、私たちの前五識・第六意識・第七末那識・第八阿頼耶識の各識体が、おのおの智慧に質的転換するというのが、唯識が考える覚の一つの断面です。

前五識 → 成所作智《じょうしょさち》
第六意識 → 妙観察智《みょうかんざっち》
第七末那識 → 平等性智《びょうどうしょうち》

第八阿頼耶識　↓　大円鏡智《だいえんきょうち》

そして、これら四つの智慧によって現象世界の本質をまざまざと見て、覚を成就するというわけです。ハナシはなにやら難しくなりましたが、ただ、この第九話で注目しておきたいのは、自己中心性の第七末那識が「転識得智」して、覚の境地においては「平等性智」になるということです。自己中心性の極まるところは利己性ですが、それが平等性に質的転換すると聞く時、人間の可能性の黎明を強く感じます。

第一〇話　枇杷《びわ》むけば種堂々と現われる

永　六輔

第四話このかた、私たちは、菱餅の三段重ねのイメージで心の構造を学んできました。最下の一枚は第八阿頼耶識、中の一枚は第七末那識、そして、反り返った上の一枚は表面心の前五識と第六意識でした。——私たちの心とは、なるほどこういう構造になっているんだな。と、思っていただければ幸いです。

その上で、この第一〇話ではタイトルとして掲出したビワの句を借りて、心の構造を球体のイメージで捉えてみたいと思います。ビワの実は、たしかに種の部分が大きく、本識《ほんじき》（根本の識体《しきたい》）たる第八阿頼耶識《あらやしき》のことを学ぶには、なかなかのはまり役ではないかと思います（次頁の図、参照）。

いままで、表面心の前五識と第六意識、心の深層領域で自己中心性を密かにあやつる第七末

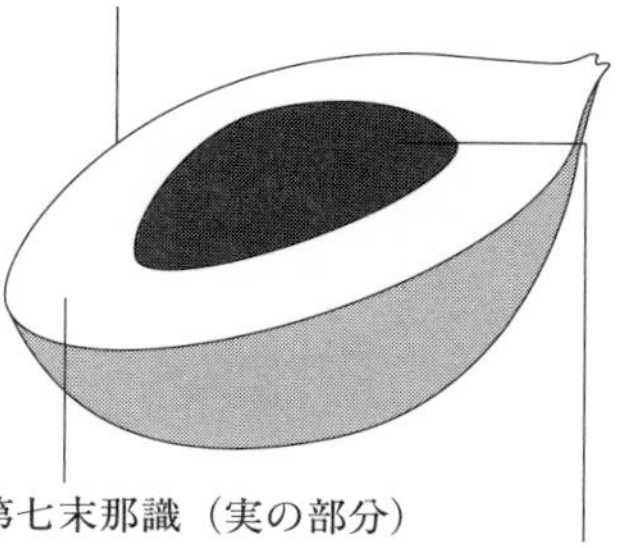

那識の順に、その特徴などを粗々学んできました。この第一〇話からはいよいよ、私たちの生存の基盤でさえある本識、すなわち第八阿頼耶識について、さまざまな角度から学んでいきたいと思います。

すでに折にふれて述べてきましたように、第八阿頼耶識こそ本識で、前五識も第六意識もそして第七末那識も皆、本識から転変した識体でした。これを「七転識《しちてんじき》」といいます。第八阿頼耶識を大本《おおもと》とすれば、そこから転変した前五識や（第七末那識の密やかな自己中心性のささやきをうける）第六意識のさまざまなはたらきそのものが、要するに、わが日常のあれこれということになるのですね。

ところで、仏教のもっとも重要な用語は「縁起」ですが、これは「因縁生起《いんねんしょうき》」の意味で、すべてのものごと、あらゆることがらは、神という超越者の意図によってそう成るのでも、また、偶々《たまたま》発生するのでもなく、はっきりとした因とさまざまな縁とによって生起する、ということです。因とは主な原因、縁とはそれを助長するさまざまな条件・要素のことです。つまり、どんなことがらも、因と縁との複合的なコンビネーションによって生じるものだというわけです。

この縁起ということについて、唯識仏教では「阿頼耶識縁起（頼耶《らや》縁起）」を説きます。第八阿頼耶識として一番重要なものは、後に縷々お話しますように「種子《しゅうじ》」というものですが、その種子が因です。そして、因の種子がさまざまな縁（衆縁《しゅえん》）を待って、それに助長されて発芽する……。つまり、そのように新たな行為行動（唯識では、これを「現行《げんぎょう》」といいます）が生じるというのです。これがいうまでもなく果で、こうした因・縁・果が、唯識の縁起論のスジです。

　そういう行為の主因（種子）を所蔵すると聞くだけで、私たちにとって、この阿頼耶識がいかに重要な識体であるかということがわかります。いままで、第六意識をしばしば「（当面の）自己そのもの」などと述べてきましたのも、そのためです。

　第六意識は自覚的な心のはたらきで、私たちが立ち止まったり・ふり返ったりして検証可能な自己そのものに違いありませんが、〈私〉の全部ではない――。現代心理学のイメージを用いれば、氷山の一角に過ぎないものですし、第六意識はそもそも大本の第八阿頼耶識から転変したものです。だから、――底の浅い自己に過ぎない。とまでは言いませんが、しかし、その後方には茫漠とした意識下の深い世界が広がっており、そうしたものを含めてこそ、当面ではない本当の〈私〉というか、本来の自己なのですね。

　これを、美術館に譬えれば、展示室やロビー、あるいはショップだけでは機能しません。一般の人たちには見えないバックヤードの、美術品の搬入口や文化財を一時保管する収蔵庫をはじめ事務関連の施設がないと、美術館として成り立たないのと同じです。展示室やショップなどはいわば前五識や第六意識、一般には窺い知れないバックヤードの収蔵施設などが第八阿頼耶識という寸法でしょうか。

いずれにせよ、とかく意識レベルの議論に終始しがちな私たちの人間考察を、意識下でうごめく自己中心性の第七末那識、そしてまた、生存の基盤さえ〈私〉に付与する第八阿頼耶識のはたらきに学んで、改めて吟味したいものだと思います。

そのさい、タイトルに掲げた「枇杷むけば種堂々と現われる」の句は、まさに阿頼耶識のイメージ形成に最適の一句ではないか、と思います。

さて、阿頼耶の語は、第四話であらかじめ述べておきましたように、「蔵《くら》」を意味するサンスクリット語アーラヤの音写で、意味をとって「蔵識《ぞうしき》」とも呼ばれます。こうしたことから先ず問われるのは、第八阿頼耶識という根本の識体はいったい何を持っているのか、ということになりますね。端的にいえば、

① 種子《しゅうじ》
② 有根身《うこんじん》
③ 器世間《きせけん》

の三項目にわたります（第四話末を見返してください）。このなか、先ずは「種子」です。これは、私たちの日々の行為・行動、言い換えれば、経験とか体験の、いわば情報のことです。なお、仏教では一般に、行為や行動のことを「業《ごう》」といいますが、唯識ではまた、「現行《げんぎょう》」と呼ぶことについても、先に述べた通りです。

私たちの行為とか行動を便宜的に分類すれば、「身《しん》・口《く》・意《い》の三業《さんごう》」ということになります。しかし、すべてを心の要素に還元する唯識仏教では、身・口の二業も意業に集約させて考えるわけです。つまり現行とは、内容的に七転識（第七末那識・第六意識・前五識）のはたらきなのですね。

それはともかく、一般的にいって、展開が具体的な身業と口業はいかにも行為で、他方、心の中で密かに起す想念の意業は、なかなか行為とは言いがたいですね。しかし、そういう想念も行為であるからには、一旦起こせば、必ずそれなりの残存気分があり、それが、〈私〉という行為者の心の深層、つまり第八阿頼耶識に送りこまれ・植えつけられる――。と、唯識仏教は考えるのです。

その残存気分というか行為の情報を「種子」と呼び、種子が第八阿頼耶識に送りこまれ・植えつけられることを「熏習《くんじゅう》」といいます（ちなみに、種子も熏習も、初版以来「広辞苑」に収録されています）。

そして、阿頼耶識は、そうして熏習された種子を能《よ》く貯蔵しますので、これを「能蔵《のうぞう》」の義といい、また、種子の熏習を受ける阿頼耶識の立場は「所蔵《しょぞう》」の義となります。

他方、第九話の第七末那識で述べましたように、末那識は阿頼耶識を「不変な自分という実体」と誤認し、かつ、執着します。これが「執蔵《しゅうぞう》」の義で、これら「蔵」の三義に、第八阿頼耶識の特性がほぼ集約されているわけです。

本書ではこのなか、能蔵の意味を重視して、阿頼耶識がまた「一切種子識《いっさいしゅうじしき》」とも呼ばれることに注目しておきたいと思います。つまり、私たちの心の深層領域には、一人ひとりのそれぞれの過去の行動情報がすべてファイルされていることになります。

第六話でふれましたように、冥界の閻魔王が主宰する庁舎に、亡者《もうじゃ》の生前をありのままに映す「業鏡《ごうきょう》」が設置されているというのですが（『十王経』）、この業鏡に映る生前とは、阿頼耶識にファイルされた過去の行為情報を可視的に取り出した体《てい》のものでしょう。

この業鏡はまた、「浄玻璃《じょうはり》（浄頗梨）」ともいわれ、それこそ一点の曇りもなくピカピカに磨き上げられた鏡で、先人たちは、ファイルされた自分の行為情報が業鏡にまざまざと映し出されるイメージで、唯識ならずとも、あるいは、心の深層領域の存在をなにほどか感じていたのかもしれません。

鎌倉時代、唯識学修の第一人者だった解脱上人貞慶《じょうけい》の『愚迷発心集』にも、この浄頗梨のことが出てきますが、もう一例、同集に引かれる「倶生神《くしょうしん》」も、次のように行動情報にかかわるものといえます。

……悪業のためには奴僕《ぬぼく》となって、劫《こう》を経《ふ》といえども憂えとせず。善根《ぜんごん》のためには懈怠《けだい》をいたして、日を送るといえども痛みとせず。……倶生神の左右《さう》の肩に在って、善悪を記するをも顧みず。朦々緩々《もうもうかんかん》として昨《きのう》も過ぎ今日も過ぎぬ。悲しいかな、痛ましいかな。……

貞慶はこのように、自己のありていを深く顧みていますが、この倶生神は、人の両肩にあって善悪の行為を漏らさずノートし、その人の死後、冥界の王・閻魔に提出するのだ、と、『薬師如来本願功徳経』に記されています。

また、鎌倉時代に成立した『覚源抄《かくげんしょう》』には、

倶生神とは第八識なり。

という注釈があり、このさい重要です。いうまでもなく、この第八識とは第八阿頼耶識のことで、人の両肩にあって善悪一切の行為をノートないしファイルするという倶生神は、その具象化でしょう。

人間の心の問題をあれこれ考察すれば、どうしても抽象的になります。そうしたとき、比喩を用いたり、なにかに見立てたり・なぞらえたり、あるいは、なにか具体的なイメージを借りてきたりする、いわゆる方便（手立て）が重要になります。仏教のいわゆる「真実と方便」という枠組みですね。難解な真理・真実に迫るに、さまざまな方便を手繰《たぐ》ることによって近づこうとする仏教の伝統的な手法です。

やや余談になりましたが、このように、深層領域の阿頼耶識には、私たちの過去のすべての行動情報がプールされています。つまり、第八阿頼耶識（蔵識、一切種子識）は、過去を内容とするものですが、しかし、それにとどまらず、その過去から現在と未来が生じる――。そこに、私たちにとって阿頼耶識の根源的な意義があるわけです。

なお、種子はまた、阿頼耶識に熏習された気分という意味で、「習気《じっけ》」ともいいます。この習気の用語はなかなか重要です。それというのも、種子を遺伝子やＤＮＡなどと混同して理解する向きもあるからです。

端的にいって、そうした理解は間違いです。なぜなら、種子はまた習気とも呼ばれるものであり、また、それより何より、遺伝子やＤＮＡはそもそも物質だからです。物質は、操作したり・改変したりすることが可能です。現に、生存に不都合な遺伝子は、これを操作して発症を抑制する科学的な研究や医療行為が行なわれています。

しかし、唯識が説く種子（習気）は、改変などおよそ不可能な過去の行動情報です。そして、まさにその改変不可にこそ、深い宗教的意味を見い出そうしています。このことについては、第一二話でお話したいと思います。

ところで、第八阿頼耶識がかかわっているのは、こうした種子だけではありません。阿頼耶識は種子とともに、また、有根身《うこんじん》と器世間《きせけん》にも深くかかわっています。つまり、阿頼耶識はこれら三つのものを執持《しつじ》していると考えられています。執持とは、ここでは、保持し管理する意味と理解しておきたいと思います。

このなか先ず、有根身ですが、端的にいえば、私たちの肉体のことです。先の第二話、「目には青葉山郭公初鰹」で、前五識（五感覚……眼識・耳識・鼻識・舌識・身識）と、そのそれぞれの根（感覚器官……眼根・耳根・鼻根・舌根・身根）について一瞥しましたが、有根身とは、これらの五根を有する身体という意味で、要するに、私たちの肉体のことです。私たちの生存は、こうした身体というか肉体をもって営まれています。そして、肉体は物質から成り立っていますから、近年は長寿社会になったとはいえ、いずれは老朽化し、ついには死に至ります。

これを、有根身を執持する第八阿頼耶識からいえば、今まで執持してきた肉体をその管理から外した時、いわゆる死（肉体的な死）が訪れる、ということでしょう。私たちの生存は、いってみれば、肉体というカタチをもって担保されているのですが、そうした生と死を司る第八阿頼耶識が有根身というカタチを手放せば、そのカタチを取り巻いていた環境（器世間）もその意義を失うというか、意味のないものになりますね。

つまり、この時点で、第八阿頼耶識が執持する三つの内、有根身と器世間が脱落することになるわけです。そうすると、残るのは、種子だけになります。ここで、阿頼耶識は、文字通り、一切種子識となるわけですね。

社会一般の考え方では、この時点で、その人のすべてが終了するのですが、唯識仏教では、そういうことにはならない——。阿頼耶識中の一切種子、つまり、過去のすべての行動情報が無に帰するとは考えないのです。というのも、私たちの日常の行為は善・悪にまたがるものだとはいえ、そのすべてが皆、なにほどか生の執着《しゅうじゃく》に絡むものでしょう。

インド・ベンガル地方に生まれた東洋の詩聖タゴールは、語録の集成といってよい『Stray Birds（迷える鳥）』（84）のなかで、

In death the many becomes one;
in life the one becomes many. ……
死においては、多くのものが一つになり、
生にあっては、その一つのものが（展開して）多くのものになる。……

と記しています。これをヒントに、そういう種子の一切を煮詰めていけば、まさに「生の執着

そのもの」あるいは「生きたい思いそのもの」という唯一つのものが残るでしょう。
その「生きたい」という強い思いも、もとより阿頼耶識ですが、これを別に「結生《けっしょう》の識」と呼びます。そして、その「結生の識」が、用を終えた有根身から浮遊し、適宜の赤白二滴《しゃくびゃくにてき》（精子と卵子）に交わる――。それが、唯識仏教が考える次生誕生の瞬間です。

ここでまた、阿頼耶識が受精卵によって新たな有根身を執持し、同時に、その受け皿の器世間もまた認識されるわけです。そして、一切種子はそのまま、この次生の阿頼耶識に引き継がれるというのです。

このように、第八阿頼耶識は、私たちの生と死に深く関与している、イヤ、生と死という私たちにとって根本的な問題は、本識たる阿頼耶識のまさに所管事項そのものなのです。

なお、生の執着というか、生きたいという強い思いですが、これは私たちに抜きがたくあります。近代俳句を確立させた子規でいえば、『仰臥漫録』にみられるあの猛烈な食欲です。子規には食べる物には目がなかった、という人もいますが、たとえば「……飯もいつもの如くうまからず、食ひながら時々涙ぐむ」（明治三十四年十月二日）とありますから、とてもそんな呑気なものではなく、食は生きる根幹そのものだったでしょう。

そして、漱石もまた、「世をすてて太古に似たり市《まち》の内」なぞと欲も得もないようなことを述べる一方、次のような句があります。

何となう死《しに》に来た世の惜しまるる

どちらが本音かといえば、それはもう後者でしょう。

私たちは誰しも、何らかの目的をもってこの世に生まれたのではなく（人生の目的や課題は、人それぞれの成長とともに、第六意識のはたらきによって策定されます）、ただ生きたいがために生まれてきたので、その意味で、「何となう死に来た世」でもあるのですね。しかし、それでいて、いったん生まれたこの世のあれこれが、なかなか捨てられない——。むろん、そのど真ん中には、なおもしばらくは生きたい願望の自分がいるわけです。

＊コラム④　何となう死に来た世の惜しまるる　夏目漱石

第一〇話の後半では、阿頼耶識からみた生死についても、少し触れました。いわく、私たちは何らかの目的をもってこの世に生まれてきたのではない。ただ生きたいがために生まれてきた……。だから、「何となう死に来た世」でもあるのだ、と述べました。とりあえず、漱石先生さすがです。

生死はセットだから、そうなるのですが、ただ「惜しまるる」は、いけません。これはやはり、生と死なのですね。私たちはどうしても、生と死を相容れないものとして分別《ぶんべつ》し、そして、死はいずれのことと視野の外に押し出し、その上で、生についてあれこれ考えるのです。だから、ハナシが貧弱になるのですね。

こうしたことについては別途、第一六話あたりで話題に取り上げるとして、「何となう死に来た世」なのだから、世のことどもにいちいち執着しなければ、また違った展開になろうというものです。が、それがなかなかそうもいかない――。「何となう死に来た世」でも、イヤ、そういう偶々来た世だからこそ、なにかあっさりとおさらばするのは惜しい……。今はともかく、生きていれば、その内きっといいこともあるに違いない。と、私たちは思うのですね。

永井荷風も、たとえば、『断腸亭日乗』昭和二十一年（一九四六）三月二日条に、

……汁粉売るもの一軒目にとまりたれば一椀を喫して帰るに、五叟《ごそう》の家人あたかも新聞を前に汁粉にて死したるものあり、甘味に毒薬を用ひしがためなりと語り合へるところなり。余覚えず戦慄す。惜しからぬ命もいざとなれば惜しくなるも可笑し。

と、自嘲気味に記しています。五叟とは身内の杵屋五叟（大島一雄）のことで、荷風は戦後しばらく、五叟宅に身を寄せていました。この「惜しくもない（と、思っている）命も、いざとなれば惜しくなる」というのは、私たちの本音です。その行き着く先は「命あるかぎり」ですが、昨今では、もうそれを通り越し、アンチエイジングとかいって、その命をいかに延ばすか——。そうしたいわば量のハナシにばかり関心が寄せられています。貧弱とは、そういう意味です。

この「何となう死に来た世」、阿頼耶識を説く唯識仏教からすれば、私たちは他ならぬ自分の過去からこの世に来た者ですが、だからといって、「何となう」生きていいものかどうかは、また別のハナシでしょう。ここに、第六意識という自覚的な心の出番があるのですね。つまり、この世をどのように生きるか、です。それこそ「何となう」生きるのか、あるいは、それなりにぴしりとした人生の目標を定め、それに向ってどのように進んでいくのか。それが問われてこその人生ではないのか、と思うのですね。むろん、人生のテーマは、自分が決

める他なく、それがない人生は、みるに堪えないざまとなります。

唯識は、心の構造として意識と意識下という重層性を説き、意識し得ない深層領域の自己中心性（第七末那識）や、根源的な第八阿頼耶識のはたらきを解明して止まないのですが、だからといって、第六意識の自覚性を軽視しているわけではありません。人生いかに生きるべきかという人生の現場では、（第八阿頼耶識という自身の過去経歴の制約がありますが、）第六意識こそが主役なのですね。

それで、人生の目標を定め、それに邁進して、そのままゴール――。という、うらやましいほど素敵な人も中にはいるでしょうが、大抵は、しばらくすると高い壁にぶち当たったり・スランプに陥ったりして、停滞します。その停滞から、もだえながらもようやく脱出し、少し前進しても、再び停滞。そんな繰り返しのなか、退屈の場面も出てくるでしょう。この退屈とは、時間をもてあますいわゆるタイクツではなく、「退き屈する」意味の仏教語です。

仏教というか仏道の目標は、いうまでもなく覚《さとり》の境地です。しかし、崇高な目標だけに、けっこう早い段階で、多くの人が挫折しがちだと考えられています。そこで、そうした退屈せんとする心を励ます処方箋が用意されています。それが、「練磨《れんま》」です。初心に立ち返るなどして、退屈する自心を練磨して、仏道の歩みを続けさせようというのです。唯識仏教が用意している、この退屈する心を励ます「勇猛《ゆうみょう》練磨《れんま》」の語も、第六意識に響くかどうか、ですね。――そうだ。と、深くうなづき、退屈する自心を励ますかどうか、これも、ひたすら第六意識のはたらきにかかっているのです。

第一一話　五月雨をあつめて早し最上川　松尾芭蕉

この句も、たしか中学か高校の国語の授業で習ったかと思います。子ども心にも素直に入ってくるもので、「俳句とはこれだ」と、お手本のような一句だとずっと思っていました。しかし、子規の『仰臥漫録』を読みますと、

この句、俳句を知らぬ内より大きな盛んな句のやうに思ふたので、今日まで古今有数の句とばかり信じて居た。今日ふとこの句を思ひ出してつくづくと考へて見ると、「あつめて」といふ語はたくみがあつて甚だ面白くない。それから見ると、

五月雨や大河を前に家二軒　　蕪村

といふ句は遥かに進歩して居る。

と、記されているではありませんか（明治三十四年九月二十三日、句読点・引用者）。俳句門外漢の筆者はただただ、――アレレ。と、驚く他ありません。

が、そういわれると、同じ川の流れでも、蕪村の大河は静寂で、なにかどっしりと迫ってくる感じです。二軒の、おそらくは粗末な家との比較も効いていて、なるほど絵画的でもありますね。一方、芭蕉の最上川は、流れの早さはともかく、なにか底が浅い……。などと、すぐさま賛同するのも素人の悲しさですが、気を取り直して、タイトルに掲出した名句のイメージを借りて、第八阿頼耶識のことを続けてみていきたいと思います。

私たちは今まで、三段重ねの菱餅や種の大きいビワの実のイメージで心の構造を学び、また、第八阿頼耶識について学んできました。この第一一話では、滔々と流れ下る川の流れのイメージの下、第八阿頼耶識のことをさらに学びたいと思います。

実は、唯識仏教を大成した世親（ヴァスバンドウ）自身、その著『唯識三十頌《じゅ》』（玄奘／訳）の中で、第八阿頼耶識について、

恒転如暴流（恒《つね》に転ずること、暴流《ぼる》のごとし）

と述べて、私たちの生と死を司る本識について、永遠の上流から流れ来て、なおも下流へと流

れ去ろうと荒れ狂う川の流れに喩えています。

世親は西暦五世紀頃、兄の無著（アサンガ）と共に、西北インド（現・パキスタン）のプルシャプラ（現・ペシャワル）に生まれました。そのペシャワルから東南約七十キロメートルの地点にアトックという土地《ところ》があり、筆者は若い時分、そこに立ち寄ったことがあります。それは、アトックが、北から流れて来るインダス河と、西のアフガンから流れて来るカブール河が合流するところだからでした。

インダス河はヒンドゥクシ山脈の清冽な雪解け水の流れ、一方、カブール河は茶色く濁った流れです。それらが合流すれば当然、その下流はたちまち濁った流れになると思いきや、その下流数キロにわたって、清冽な流れと濁った流れが並行して流れ下っているではありませんか。その理由は実は簡単で、二つの流れの密度、つまり水温が異なるので容易に混ざり合わないだけです。しかし、それはともかく、二つの流れが合流しても、互いに俺たちは別人格だと主張しているような光景でした。

私たちの生存を司る第八阿頼耶識を、永遠の上流から流れ来て、現在の一瞬を経て、なおも下流へと滔々と流れ去ろうとするイメージで捉えていたわが世親もおそらく、この光景を目の当たりにしたのではないかと、しばらく見入ったことを今も鮮明に憶えています。

少し余談でしたが、私たちは日常、しばしば立ち止まったり・ふり返ったりして一息入れることがあります。しかし、それは（当面の）自己たる第六意識つまり表面心がそうしているだけで、その裏側というか心の深層領域では、そんなもんじゃない、というのですね。まさに一刻の猶予もなく過去から現在へ、そして、未来へと、流れ来たり・流れ去ってゆく。そんなトギレることのない川の流れ――。まずは、私たちがそういう阿頼耶識という基盤の上に生きて在ることを確認しておきたいと思います。

さて、第一〇話の後半で述べましたように、阿頼耶識は、①種子《しゅうじ》②有根身《うこんじん》③器世間《きせけん》という三つのものを執持《しゅうじ》していますす。阿頼耶識も識体ですから、認識の対象があるわけで、執持するこれらの三つが、要するに、第八阿頼耶識の認識対象でもあります。

このなか、有根身（肉体）について、阿頼耶識が管理事項から外し・認識対象から外せば、それがそのまま私たちの肉体的な死の瞬間ということになるわけです。くり返しになりますが、阿頼耶識が老朽した有根身を認識しなくなれば、それを取り巻く器世間も意味のないものとして、阿頼耶識の認識対象ではなくなります。

第六話で取り上げました「寒月め俺なきあとも照りやがる」（小沢昭一）の一句も、このことを考慮すれば、「俺なきあと」とは、有根身もそれを取り巻く器世間もないのですから、寒月がどんなに皓々と照ろうが・なにしようが、もう関係がないのですね。――俺なきあとも照りやがる。と、歯ぎしりしても、なんの足しにもなりません。マア、そこがこの句の面白いところというか、気持ちもわからないではありませんが、なかなか不思議な気持ちにさせる句ではあります。

それはともかく、この時点で、阿頼耶識の所管事項というか認識対象は、種子だけになります。この種子は、正確にいえば、今生の死に至るまでの凡俗の行為情報のすべてですから、もう無数といってよい。それは、ショーペンハウエル流にいえば「生物とは生きんとする盲目の意志」ですから、第八阿頼耶識中のすべての種子を煮詰めれば、「生の執着」そのもの・「生きたい」という強烈な想念に集約されるのは必定でしょう。

それゆえ、有根身を手放した段階で、阿頼耶識は「結生《けっしょう》の識」となり、次生の身体というカタチを求めて、とある赤白二滴《しゃくびゃくにてき》（精子と卵子）と交わる……。つまり、私たちが生の執着を捨てないかぎり、こうした連鎖は永遠に続くわけです。そして、そのさまこそ、唯識の大成者世親にいみじくも「恒に転ずること暴流のごとし」と喩えさせたのですね。

ところで、この種子ですが、もう何度もお話していますように、行為の残存気分、いわば情報といってよいものです。そしてまた、行為のことを、唯識では「現行《げんぎょう》」ということもすでにお話しました。この第一一話では、現行と種子という二つのものが織りなす心のメカニズムについて学びたいと思います。

私たちは日常さまざまな行為行動を重ねて生活していますが、それらを集約すれば、第四話に掲出した五十一の心所《しんじょ》リストになります。私たちは、その五十一の心のはたらきを適宜組み合わせながら、日常生活を営んでいるのですが、なんらかの行為（現行）が済んでも、それですべてが終ったわけではありません。

鳥立ちしあとも鳴子の鳴りやまず　中村汀女

というイメージでしょうか。こうした現行の残存気分や情報つまり種子が、熏習《くんじゅう》といって、心の深層領域の第八阿頼耶識に送られ・植えつけられます。そうした心の機制を、唯識では、

現行熏種子《げんぎょうくんしゅうじ》

といいます。「現行がその種子を第八阿頼耶識に熏習する」のですね。こうした心のメカニズムは、目に見え・耳に聞こえる身業《しんごう》や口業《くごう》という具体的な行為のみならず、心の中での密やかな思いの意業《いごう》も例外ではありません。たとえば、第八話の「夾竹桃しんかんたるに人をにくむ」の黒い心のうごきもまた、現行であるかぎりは、その行為の情報（種子）が阿頼耶識に即座に送られ・植えつけられるのです。

この心の中での想念ですが、私たちは、平均して一日に約六万個の想念や考えを持つといわれています（一九九一年、アーユルヴェーダ医学研究のディーパック・チョプラ氏講演要旨「宇宙と人体」、春秋三三五号）。この六万という数は多いのか、それとも、そんなものなのか、筆者

にはわかりませんが、いずれにせよ、六万を数える意業（現行）であるかぎり、それらに相応する数の種子が第八阿頼耶識に送られファイルされ、永くプールされるということになります。

なお、この六万という数を大きく上回るのが、能「求塚《もとめづか》」のクセ（能一番の中心）の謡に、「されば人。一日一夜経《ふ》るにだに。八億四千の思ひあり」などとあります。これは、仏教で数の多さを表す「八万四千《はちまんしせん》」をさらに強調したもののようですが、いずれにせよ、それが実数かどうかはともかく、私たちの日常は、いろいろと思いめぐらせ・思い悩むことが多いですが、そのつど、現行熏種子という心的メカニズムが繰り返されるわけです。

そういう状況を、つまり、五月雨の一つ一つの雨粒を一つ一つの行為、一つ一つの想念と見立てれば、それらを集める第八阿頼耶識の最上川は、いよいよ水かさを増し、あるいは、濁った奔流となって、下流へと流れ去ろうとしている。タイトルに掲出した句はまさに、そのさ中の光景ですね。

なお、次頁の挿図の歌川広重「大はしあたけの夕立」ですが、残念ながら、最上川でなく隅田川の情景です。それに架かる新大橋を手前に配し、対岸の「あたけ（安宅）」と呼ばれた地を描いた名作で、大粒の雨脚とそれを集めて盛り上がるように奔流となった筆致は、まさに日常のさまざまな行為の残存気分（種子）を集めて恒転《ごうてん》する第八阿頼耶識のイメージでしょう。

いずれにせよ、そうして雨の一粒々々をあつめて一層急流となった阿頼耶識は、（当面の）自己などではなく、それをも含む〈私〉そのものであれば、私たち日常の一つ一つの行為に、

歌川広重「名所江戸百景　大はしあたけの夕立」（奈良県立美術館蔵）

もっと注視する必要があるのではないかと思います。つまり、行為がその人を創るということですね。先の第八話で、「業」や「身・口・意の三業」について述べました折、『ブッダのことば——スッタニパータ』(一三六)の、

行為によって賤しい人ともなり、
行為によってバラモンともなる。

の一文に学びました。これに類するものとしては、同書に、

行為によって農夫なのである。
行為によって職人なのである(六五一)。

とあり、また端的に、

世間は行為によって存在し、
人々は行為によって存在する(六五四)。

と、述べられています。こうしたブッダのことばは、実にキッパリとしていて逡巡というものがありません。それだけ心に響きますが、殊に「人々は行為によって存在する」という教説は、現行熏種子という心の機制を念頭におけば、はなはだ重要だと思います。それというのも、この一文は、私たちの存在というものを、行為の一点に集約しているからです。さらに要約すれば、私たちにあっては、「行為があるだけだ」ということでしょう。

その行為つまり現行は、その種子という残存気分というか行動情報を、第八阿頼耶識という〈私〉を構成する大本《おおもと》に植えつける——。すなわち、行為（現行）こそ、私たち自身を根底から創造するものなのですね。歌の文句に「こんな私に誰がした」というのがありますが、とんだ言いがかりで、はなはだしい責任転嫁という他ありません。

そして、その行為というものも、仏教一般では身・口・意の三業ですが、すべてを心の要素に還元して考える唯識仏教では、身・口の二業もみな意業に集約し、具体的には五十一心所（第四話にその心所リストがあります）として考えるわけです。

そうした心のはたらきは、いうまでもなく他者には見聞《みき》きできないものです。それをいいことに、私たちの心の内側はどうしても乱れがちです。他者の目や耳を気にしなくてよい想念や考えを、どう真っ当なものに調整していくか——。それこそ、私たちの永遠の人生課題です。

こうした心中の状況について、たとえば、儒教・道教・仏教に学んだ十七世紀の洪自誠《こうじせい》は、その著『菜根譚《さいこんたん》』（前集一一四）で、次のように述べています（傍点・引用者）。

小処に滲漏《しんろう》せず、暗中に欺隠《ぎいん》せず、末路に怠荒《たいこう》せず。纔《わずか》に是れ個《こ》の真正の英雄なり。

――些細なことだからといって、手ぬきするようなことをせず、人の目がないからといって、欺いたり隠し立てなどせず、そしてまた、落ち目になったからといって、投げやりにはならない。このような日常であってこそ、ほんとうに勝れた人物だ。


このなか、おのずから「暗中に欺隠せず」の文言が印象的です。心の中は、他者にとってまさに暗中そのものです。さらには、私たちが自ら「暗中だから」と偽って、他者ならず自分自身をも欺きもし、隠しごともする――。そして、何事もなかったように時が過ぎていきます。しかし、それは、私たちがそう思っているだけのことです。暗中の欺隠も行為（現行）であるからには、現行熏種子です。自らの行為が〈私〉を創っていくのですね。

鎌倉時代、唯識仏教に深く学んだ解脱上人貞慶《じょうけい》は、それにはたと気づいたのです。第八話でも取り上げましたが、『愚迷発心集』にそのことを、

他人の短をば斥《さ》し居《お》れども、身の上の過《とが》をば顧みず。自ら人目を慎むといえども、まったく冥《みょう》の照覧《しょうらん》を忘れぬ。

と、記しています。――他人の短所には厳しく、それでいて、わが身の過失には甘い。誰にいわれるまでもなく、身・口の二業はいちおう整ったものを心掛けるが、心中の思いは、神仏が見ておられることを忘れて、乱れ放題だ。と、いうのです。その乱れた想念という現行もまた、現行熏種子ですし、そういう心の中の想念にこそ、神仏の視線が注がれていることを忘れてはならないというのです。唯識が説く心の機制が、宗教として大きく展開する場面です。

第一二話　軒を出て狗《いぬ》寒月に照らされる

藤沢周平

この句は、憶えておられると思いますが、第八話の中で取り上げたものの一つです。そこでは、「軒」を「心の中」と見立てました。正確にいえば、家屋がありその軒先までが心の中ですね。そういう心の中であれこれ思い、たとえ憎しみをたぎらせたとしても、それ自体は、社会的評価の対象にはなりません。『菜根譚』の著者洪自誠によれば「暗中」ですからね。

しかし、その憎悪の念が具体的な身業となって人さまを殴打したり、あるいは、口業となって相手を侮辱することになれば、そこに社会の目が注がれ、場合によっては、厳しい処分を受けることにもなります。ちょうど軒の内側にいた狗が軒先を出て、寒月の冷たい光線に照らされるように、です。この第一二話では、そうしたイメージを基本にしながら、なおも唯識説による心のメカニズムを学んでいきたいと思います。

もう何度もお話してきましたのでおわかりのように、私たちの心は、大きく分けて表面心と深層心という重層構造になっています。前五識・第六意識の表面心と、第七末那識・第八阿頼耶識の深層領域ですが、実はもう一つありましたね。

そうです、第八阿頼耶識という本識《ほんじき》（根本の識体）と、第七末那識・第六意識・前五識の七《しち》転識《てんじき》という重層構造です。意識下の自己中心性を司る第七末那識も、知・情・意という私たちの自覚的な心のはたらきを管轄する第六意識も、そして、五感覚の前五識も、すべて根本の識体である第八阿頼耶識から転変《てんぺん》したものという捉え方です（第一話や第四話などを見返してください）。

そしてまた、阿頼耶識を「一切種子《いっさいしゅうじ》識《しき》」ともいうことも学びましたし（第一〇話）、行為を現行といい、現行熏種子《げんぎょうくんしゅうじ》のメカニズムで、私たちの行動情報の種子が、即座に第八阿頼耶識中に送りこまれ・植えつけられることも学びました（第一一話）。

その阿頼耶識中にプールされる種子を、いままで行為の残存気分とか行動情報といってきましたが、実はまた、現行を発生させる潜勢力でもあるのです。唯識の教えを標榜する日本法相《ほっそう》宗の聖典『成《じょう》唯識論』は、この種子のことを端的に、「生果《しょうが》の功能《くうのう》」と述べています。――果を生ずる功能（はたらき）なんだ。と、因果ということについて、種子は因で、果は現行だという表明です。こうした「種現《しゅげん》因果」が唯識の因果論ですが、現行という果を生ずる心のメカ

ニズムを、

種子生現行《しゅうじしょうげんぎょう》

といいます。「阿頼耶識中に保持される種子は、さまざまな条件が調えば、現行を生ずる」ということですね。そして、先の現行熏種子と合わせて、唯識仏教では、次のように言い慣わしています。これ、ものすごく重要です。

種子生現行《しゅうじしょうげんぎょう》、現行熏種子《げんぎょうくんしゅうじ》、三法展転《さんぽうちんでん》、因果同時《いんがどうじ》

阿頼耶識に保持されている種子群のなか、とある種子から現行が生じると、その現行の情報（種子）がまた、直ちに阿頼耶識に送りこまれ・植えつけられます。このフレーズの中、三法（三つのことがら）というのは、後述しますが「種子《第1法》生現行《第2法》、現行《第2法》熏種子《第3法》」で、これらが、ものが転がっていくように次から次へと展開していく――。このように、三法は展転して、種子と現行の因果・現行と種子の因果は同時。つまり、間髪を入れずおこなわれるものだ、というわけです。

私たちの心はこういう機制なので、為《な》し終わった行為（現行）を無かったことにすることは

できませんし、その情報（種子）の内容を改変することもできないわけです。この指摘は重要です。私たちの意識下というか心の深層領域では、種子と現行によるそうしたシビアな機制が粛々と行なわれているのですが、その一方で、当面の自己たる第六意識いわゆる私たちの心では、都合の悪いことは、――なかったことにしよう・知らなかったことにしよう・忘れたことにしておこう。と、のんきなものだからです。

こうした種子は、第八阿頼耶識に一旦ファイルされ・プールされると、物質ではありませんので改変もしませんし、また、衰微して無くなるということもありません。それに、心の深層領域に保持されているので、都合が悪いからといって、手を突っ込んで操作することもできないわけです。どうみてもよろしくない行為をしでかしてしまったと自覚する身としては、どんな気持ちでしょうか。

中世末・近世初頭、奈良興福寺の学侶として子院の多聞院に住した長実房英俊（一五一八～一五九六）は、こうした種子について、

なに事もみな過ぎぬれど朽ちせざる　頼もしの種子はうらめしき哉

の道歌を詠んでいます（『多聞院日記』）。――ひとたび阿頼耶識中に熏習されプールされた種子は、頼もしいほどに朽ちないものなんだ。と、長実房は、そのことを明確に受け止め、そして、

おそらく日常の行為の重さを思い知ったのでしょう。

唯識仏教は、しばしばお話していますように、すべてのことがら・ものごとを心の要素に還元して考えますので、現行も、要するに、心の中のことがらなのですね。その意味では、すべては軒の内側のハナシで、ある意味で、寒月の冷たい光線を浴びることもないわけです。しかし、私たちの生存は、有根身（肉体）というカタチによって担保されており、しかも社会の中、さまざまな人々との微妙な関係性の中で生きていますから、その点で、やはり現実には、心の内外《うちそと》という線引きが必要なのだと思います。

その意味で、「身・口・意の三業」という行為の分類は重要です。しかし、そのことが、身・口の二業は人目があるから、いちおう慎んだものにしておくが、他方、意業は心の中のこと。——暗中だから、わかりゃしない。と、高を括ってはいけない。どのような行為も、現行熏種子であり、意業の種子も将来、身・口の二業にかかわって大きく展開するかもわからないのです。

先の第一一話で参照した『菜根譚』の一文でいえば、まさに冒頭の「小処《しょうしょ》に滲漏《しんろう》せず（些細なことだからといって、手ぬきするようなことをしない）」ですね。事の始まりを「濫觴《らんしょう》」といいますが、長江のような大河も、その源流は小さな觴《さかずき》に濫《あふ》れるほどの細い水流です。心の中の密やかなちょっとした思いをバカにしてはいけないのですね。

なお、私たちが一日に起こす想念や考えの総数ですが、前話で、約六万個というＤ・チョプラ氏の講演要旨の説を紹介しました。その要旨の前後をもう少し引用すれば、「私たち人間は、平均して一日六万個の想念、考えを持つといわれています。今日一日で六万の考えを持つということは別に驚くべきことではありません。本当驚くべきことは、その九十五パーセントは昨日と同じことを思っているという現実です」と、述べられています。

この驚くべき習慣性の中に、私たちの日常生活が営まれているというのですが、同時に、五パーセントの変化があるのですね。その変化が、進化あるいは深化なのか、それとも退化しているのか。いずれにせよ、これは、本当に驚くべきことではあります。

この点、先の「三法」ですが、第一法の種子と第三法の種子は同じでないということですね。これらと第二法の現行とを合わせて「三法」なのですが、この第一法の種子と第三法の種子は同じでないところに、私たちの変化が見て取れるわけです。それこそ、その変化が進化なのか・深化なのか、はたまた退化なのか——。唯識を学ぶ私たちとしては、むろん、たとえ少しづつであっても進展し、知見を深めたいですが、その意味でも、この「種子生現行、現行熏種子、三法展転、因果同時」という唯識仏教のフレーズは重要です。

「なに事もみな過ぎぬれど朽ちせざる頼もしの種子はうらめしき哉」の道歌をものした長実房もおそらく、このフレーズを呪文のように口ずさんでいたのではないかと推察します。それというのも、こうしたことをめぐって、かの解脱上人貞慶が、……の一句を誦《じゅ》ずべし。念仏者の仏号を誦ずるが如く、これを崇重し、これを練習すべし。

などと述べて、これという経文や教えのフレーズを唱えることの意義を強調しているからです(『修行要鈔』)。このなか、「崇重」は、普段あまり目にしない語ですが、重く受け止めて崇める意味でしょう。そして、たび重ねて唱え、練り習う――。単なるレンシュウではないのですね。先に、「散心《さんじん》から定心《じょうしん》へ」が仏教のスジだとお話しましたが、その定心は、心一境性《しんいっきょうしょう》で(あれもこれもではなく、一なる対象に心を集中させる中に)得られるのですが、それと同じように、この唯識フレーズを崇重し練習することによって、その内容の理解を徐々に深めていく、というのでしょう。

長実房は貞慶遺風の下、『愚迷発心集』やその原本になった「無常詞《むじょうのことば》」などを書写していますので、唯識の重要なタームやフレーズを、おそらくこうした手法で身につけていったのではないかと思います。

ところで、唯識仏教では、認識の主体を単に「心」というのではなく「能変《のうへん》の心」といい、また、その認識対象のことを、単に「境《きょう》」とはいわず、「所変《しょへん》の境」ということは、すでに第五話や第六話でお話しした通りです。

ここでは、その能変に三層あること(三能変《さんのうへん》)について学びたいと思います。

越後の良寛さんの句に、

落ちつけばここも廬山《ろざん》のよるの雨

というのがあります。国上《くがみ》山中の五合庵に落ちついた時分の句作でしょう。廬山は、白楽天の漢詩に由来する旧跡ですが、良寛はそれを換骨奪胎して、ある種の理想郷に見立てています。この句、実は「住みなれてここも廬山の夜の雨」とか「住んでみよここも廬山の夜の雨」という古句があり、良寛はこれらを応用したのだといわれています。

下世話にいえばパクリですが、初句の「落ちつけば」に良寛独自の工夫がみられ、むろん、単なるパクリではありません。それというのも、この「落ちつけば」は、もとより「引っ越しも終え一段落」の意味ではなく、寂静の心のさまを示したものだと考えます。『維摩経《ゆいまぎょう》』第四章の光厳《こうごん》童子段に、維摩居士による仏教の道場観が三十二項目にわたって記されていますが、そのなか、たとえば、

捨《しゃ》は、是《こ》れ道場なり。憎愛を断ずるが故に。

という一文があり、このさい、注目に値します。「捨」とは「平等」の意味で、きわめて重要

な仏教語です。私たちの日常は、いってみれば、愛と憎しみが交差する世界ですが、そういう愛と憎しみの両方を断つ、あるいは、好都合と不都合の両方を断つ――。仏教では、その覚悟と実践を「捨」といい、重い意味をもたせています。

そうして、憎愛の両方を捨すれば、また、他との比較による慢心や嫉妬が断たれたならば、そこはまさに散心の日常を離脱した世界――。つまりは、定心の廬山にいる心地でしょう。そして、そこから眺める世界は、おそらくある種の輝きをもって良寛にせまってきたのではないかと思います。

良寛さんの心が、世界という境を能変したのですね。こうした能変は、ほぼ自覚的なレベルの第六意識によるもので、この能変を「第三能変《だいさんのうへん》」といいます。

「第二能変《だいにのうへん》」は、心の深層領域でうごめく第七末那識の自己中心性が、なにかと能変する――。末那識のアウトラインは第九話で学びましたが、この染汚心《ぜんましん》は直接、前面に出てきて作用するのではなく、あくまで意識下で暗躍する自己愛というか自己中心性です。いわば暗中から密やかに自己の中心性を声なき声でささやき、第六意識も、そうした第七末那識の影響を受けつつあるという構図です。

そして、「第一能変《だいいちのうへん》（初能変《しょのうへん》）」に挙げられるのが、本識の第八阿頼耶識です。この場合の阿頼耶識とは、過去を内容とする現在の自己で、私たち一人々々の行為・行動、言い換えれば、経験や体験の総体です。つまり、他ならぬ自分の過去の行為というものが、こんにちただ今の認識に最初にかかわっている――。それが、初能変の第八阿頼耶識ということです。

　その上で、密やかに・しかし執拗に自己中心性を主張する第二能変の第七末那識があり、そして、そうした意識下からの影響を受けながら、当面の自己たる第六意識のはたらきそのものが、第三能変になるのです。これはもとより知・情・意の三方面にわたるもので、理解力とか考察力などの知的能力の他、問題意識の有無やその濃淡、さらには、ことがらにまつわる好悪の感情、あるいは、やりとげる意志があるのか・ないのか――。それに加えて、五感覚の前五識の、たとえば、眼識の可視能力などの個体的条件なども第三能変の内容になります。

　私たちは、こうした三層のいわばフィルターを通して、認識の対象を能変し、つまりは、情報化された「所変の境」を相手にしているのですね。ですから、同じことがらでも人それぞれの対応となるのも、当然といえば当然なのですね。

　一つだけ、例をあげておきたいと思います。それは、同じ紀州の浜辺に立っても、単にきれいな波打ち際ぐらいにしか思わない人もいますが、明恵《みょうえ》上人（一一七三～一二三二）のように、その浜辺で小石を拾い、それを「蘇《そ》婆《ば》石」と名づけて生涯大切にした人もいるのです。『栂尾《とがのお》明恵上人伝記』（巻上）は、そのあたりの感動的な状況を、次のように記しています（読みやすいように、やや表記を改め読点を施した・引用者）。


　……その時、西の沖に島のかすみて見えたるを、天竺《てんじく》に思い准《なぞら》えて、南無《なむ》五天諸国処々遺跡《ゆいせき》と唱えて、泣く泣く礼拝《らいはい》をなす。〔中略〕殊に北天竺に蘇婆河《が》という河《かわ》の辺に如来の御遺跡多くあり、その河の水も、この海に入れば同じ塩に染まりたる石なればとて、この磯の石を取りて蘇婆石と名づけ、御遺跡の形見と思い、〔中略〕この磯の石を持《じ》して身を放ち給《たま》わず。仍《よ》って一首思いつづけ給う。

遺跡を洗へる水も入る海の石と思へばなつかしきかな

明恵上人の、如来《にょらい》（仏教の創唱者釈尊）を思慕する気持ちが、紀州の浜辺にあって一気に膨らみ、単に紀州の浜辺ではなく、天竺（仏教の故地）そのものと大きく直結していました。こうした世界の展開も能変によることですが、私たちの心こそが、世界を小さくもし大きくもするのですね。

そして、第七話で取り上げた漱石の「生きて仰ぐ空の高さよ赤蜻蛉」の空の高さもあれば、

星月夜《ほしづくよ》空の高さよ大きさよ　　江左尚白

の、空の高さだけでない宇宙のボリューウーム感は見事です。他方、たとえば子規の「柿くふも今年ばかりと思ひけり」は、もう見上げる空さえありません。人はまさに、そのそれぞれの能変の世界に身を置いているのです。

第一三話　大《おお》榾《ほた》をかへせば裏は一面火　高野素十

　前話までに、私たちの心が第八阿頼耶識をベースに展開されていることを学びました。つまり、心の深層領域で自己中心性をささやき続ける第七末那識も、私たちの日常といういわば現場でさまざまにはたらく第六意識も、そして、五感覚の前五識もみな、本識《ほんじき》の第八阿頼耶識から転変《てんぺん》したものであること、そしてまた、阿頼耶識が行為の残存気分ないし情報の受け手であり、しかも、今後の行為の発出元であることを学びました。阿頼耶識が本識（根本の識体）といわれるゆえんですが、――こうしたことをどうみるか。と、いうことですね。

　外せないのは、私たちは厳然と、過去というものに基づいているということだと思います。つまり、私たちにとって、過去はきわめて重い意味をもっているのですが、過去は文字通り「過ぎ去った」ことがらであり、実体的でなく、これだと明確に捉えられるものではありません。そこで、重い意味がありながらも、その重要性が忘却されがちなのですね。

現在に生きる私たちとしては、どうしても、こんにちただ今の一瞬と、それに連動する直近の未来のことがもっとも重要で、過去というのは、つい疎かになります。しかし、阿頼耶識という心の深層領域を学べば学ぶほど、私たちがいかに過去というものに深く根づいているかがわかります。

その過去というのも仏教では、生後から現在までの、いわゆる今生《こんじょう》の日々だけでなく、実は、前生また前生と遡って、ついには生命の起源にまで行き着くほどのものです。第一〇話や第一一話でお話ししましたので繰り返しになりますが、阿頼耶識が執持《しゅうじ》するのは、①種子《しゅうじ》（過去の行為の残存気分、行動情報）②有根身《うこんじん》（肉体）③器世間《きせけん》（自然など、有根身を取り巻くもの）の三つですが、〈私〉の阿頼耶識が今まで執持していた有根身を手放した時が、〈私〉の今生における死です。

〈私〉のこの世における生存は、肉体である有根身というカタチによって担保されていますので、そのカタチを失えば、それを取り巻くもの（器世間）も意味を喪失して、阿頼耶識の執持から脱落します。そこで残るのが（一切）種子だけになります。

その種子群の一つ一つは、程度の差こそあれ、すべて生の執着（生きたいという熱い思い）に根ざした行為の残存気分ないし情報であれば、そのいわば総体の阿頼耶識は、次生の生存を求めて「結生《けっしょう》の識」として、適宜の「赤白《しゃくびゃく》二滴《にてき》」（精子と卵子の結合）に交わり、〈私〉の次生の誕生となります。また、その時点で、結生識は次生における阿頼耶識となります。

こうした生死は、〈私〉が覚《さとり》の境地に至るまで繰り返されます。いわゆる輪廻転生《りんねてんしょう》ですが、阿頼耶識はその核を担うもので、生命の起源に端を発し、そのいわば永遠の上流から流れ来たり・なおも下流へと流れ去ろうとする一瞬に、私たちの現在があるわけです。唯識が考える過去とは、そういう膨大なものなのですね。こんにちただ今の〈私〉は、そうした過去の上にありますので、その意味は、実に根深いのです。

セリ科の浜防風《はまぼうふう》を詠んだ句に、

掘り上げし防風の根の長きこと　　岩崎貴美

というのがあります。防風は、海岸べりの砂地に自生し、深く根を下ろしますが、そういう深い根によって防風が育ち・成長します。このイメージで、心の深層領域の第八阿頼耶識を理解すれば、どうでしょうか。私たちも、それぞれ根深い過去（の行動情報群）の上にあるのです。それだけに、どうしても現在の行為は、過去の行為をなぞりがちにもなりますね。第一二話でも述べましたが、私たちが一日に起こす想念や考えは平均して六万個といわれますが、実にその九十五パーセントが昨日と同じだという知見に接しても、そのことがわかります。

滴《したた》りや次の滴りすぐふとり　　能村登四郎

という句がありますが、私たち日常の習慣性とは、こんな感じでしょうか。いずれにせよ、私たちはそれだけ、過去に強く制約されているわけです。私たちが、過去を疎かにし・つい忘却してしまう、あるいは、忘れてしまいたいと思うのも、一つにはそうした制約を逃れたい気持ちが強いからかもしれません。こんな句があります。

幸不幸葱《ねぎ》をみじんにして忘る　殿村菟絲子

気持ちはよくわかります。なにもかも無かったことにして、新生自己の再出発です。こうした思いは、誰にでもありますね。幸不幸というのは、言い換えれば、都合のいいことも悪いことも、ということでしょうか。それなら一層、新生人です。しかし、なにもかも忘れるといっても、唯識的にいえば、第六意識という表面心のはたらきにすぎないのですね。よく「心を入れ替えて」といいますが、その気持ちは気持ちとして、消しがたい過去の上に現在があるということを、きちんと理解しておきたいと思います。

私たちが時に懐く、こうした気持ちを表現した句はけっこう多いですが、尾崎放哉に、

なぎさふりかへる我が足跡も無く

という句があります。句作を促した状況そのものは、はっきりしています。放哉が波打ち際を歩いていて、何気なくふり返ると、いままで歩いてきた足跡が打ち寄せる波に消されているのです。ごくありふれた光景ですが、それに触発されて、――オレは、いままでいったいなにをしてきたんだ。なんにも（残って）ないじゃないか。と、自分への侮蔑の情が、一気に広がったのでしょう。落ちこんだ時のこの気持ち、わかりすぎるぐらいよくわかります。しかし、阿頼耶識を知る者としては、そういう気持ちとはまた別に、現在が過去という基盤の上に展開されていることを絶えず意識していたいと思います。いずれにせよ、私たちにとって過去は大きな根拠であり、かつ大きな制約でもあるのですね。

しかし、それと同時に、私たちは過去に束縛されるばかりでなく、新しい展開をも生み出すものであることを、唯識は、

種子《第1法》生現行《第2法》、現行《第2法》熏種子《第3法》、三法展転、因果同時

のフレーズで示しています。特に注目すべきは、第一二話でも指摘しましたように「三法（三つのことがら）」で、そのなか、第一法の種子と第三法の種子は、同じでない――。つまり、相異するから別法（別々のもの）と考えるわけで、唯識仏教は、このところに私たちの変化を

みるわけです。その変化が微小なものか、あるいは、世に「化ける」といわれるように大化けするものなのかどうか……。しかし、目にも鮮やかな進展もまた、微増や漸進の積み重ねの結果であれば、いよいよこのフレーズの意味は重いのですね。

さて、取り上げる俳句はあとさきになりましたが、タイトルに掲げた句をごらんください。大榾《おおほた》といっても今、――ああ、アレね。と、即座にわかる人は、ほとんどいないと思います。いまや、日本国内どこへ行っても電化されていて、ごはんを炊くのも・煮炊きをするのも・汚れものを洗うのも・暖をとるのも皆、電気ですが、昭和四十年代半ば（一九七〇年代）以前は、農村などへ行くと大抵、土間近くの大きな部屋に囲炉裏が切ってあり、その真ん中には、松や雑木の幹を割った太い薪や根株などの焚《た》きものがドカッと焼《く》べられていました。その焚きものが大榾です。

そういう大榾の表面は、もう燃えつきていたのでしょう。しかし、それをひっくり返すと、まさに火そのもの――。酸素の供給を得て、さらに燃え盛ります。この句の「裏は一面火」のイメージは、私たちの心の裏側というか深層領域の状況を示してあまりありますね。過去は燃えかすなぞではなく、ひっくり返してよくよく見れば火そのもので、真っ赤に起こっています。それと同じように、種子は過去の残存気分・行動情報ですが、単なる過去ではなく、新たな行為を発出させる潜勢力で、その意味で、燃えかすや灰でなく火そのもの。現在と未来を創るいわば生きた過去なのですね。

いうまでもなく、その過去は、どのような改変もできません。あの一言を言わなければよかったとか、あの時あれを選んでおくべきだったとか、私たちは悔やむことが多いです。しかし、だからといって、その具合の悪いことを改変しようと、阿頼耶識にいわば手を突っ込んで、黒を白に、あるいは、白を黒にすることはできません。意識下というか心の深層領域というのは、そういう世界なのですね。先の第一二話で取り上げた長実房の、

なに事もみな過ぎぬれど朽ちせざる　頼もしの種子はうらめしき哉

の道歌は、さすがに唯識学修の徒らしいものだと改めて思います。こうした些かも揺るがせにできない世界を土台にして、私たちは、こんにちただ今の日常生活を営んでいる——。なにかにつけ、私たちはそのことを想起したいものだと思います。漱石に、

樽柿の渋き昔しを忘るるな

という、打ってつけの一句があります。心したいものだと思います。

なお、長実房の日記には、夢にみたことが事細かに記されています。第二話で少しお話しま

したように、唯識仏教では、夢をみるのも「夢中の意識」といって、第六意識のはたらきです。つまり、夢も一つの行為（現行）なので「現行熏種子」、その種子が第八阿頼耶識に送りこまれてファイルされる、と考えるのです。みた夢の内容がよければいいですが、不善の行為だと、唯識学修の徒として大いに困るわけです。このように、「現行熏種子」という心のメカニズムには、例外はないのです。

ところで、そうした過去の一つ一つの行動の性質ですが、善と不善（悪）さまざまでしょう。凡俗の私たちのことですから、善いこともするでしょうが、悪いことも頻繁にするわけです。そうした日常行為とは具体的にどんなものか――。それについては、第四話に示した五十一心所リストの中、「善」と「煩悩」「随煩悩」のおのおのと、善のレベルではたらく「別境」をごらんください。

こうした一つ一つの行為は善であったり不善であったりするのですが、そういう行為の残存気分というか情報（種子）のいわば集積地・第八阿頼耶識そのものは、実は、善でも不善でもない性質、いわゆる無記《むき》性です。つまり、阿頼耶識の性質がニュートラルだからこそ、善の種子も不善の種子も植えつけられるのですね。

「現行熏種子」という心のメカニズムを思い出してください。善の現行は、その善の種子を阿頼耶識に送りこみ、不善の現行はその不善の種子を阿頼耶識に送り込んで植えつけるのですが、もし阿頼耶識が善の性質であれば、不善の現行がその種子を植えつけようとしても、不善の種子は熏習されず、はじかれるでしょう。むろん、その逆も、あります。

私たちを根底から支えている阿頼耶識の性質が無記だというのは、唯識仏教は、単純な性善説でも性悪説でもないということですね。しかも、この無記という性質ですが、第七末那識について学んだ第九話で示しましたように、

有覆《うふく》無記
無覆《むふく》無記

の二種があります。このうち、有覆無記は第七末那識の性質です。有覆とは、私たちが真理・真実をめざして仏道を歩むにさいして障害になる意味です。第九話でも述べましたように、心《しん》の深層領域で自己中心性をささやく末那識自体は無記なのですが、それと相応してはたらく心所《じょ》(我癡《がち》・我見《がけん》・我慢《がまん》・我愛《があい》の四煩悩《しぼんのう》)がよろしくないわけです。

他方、無覆はそうした障害になるものがなく、こうした無覆無記という性質の第八阿頼耶識が、私たちを根底から支えている。そして、その上に、なにかと騒々しく善・不善の間を行きかう第六意識がある——。これがおおよその、私たちの心というものなのですね。

なお、こうした無覆無記ですが、なかなかイメージしがたいですが、唯識研究の太田久紀先生(一九二八~二〇〇七)が、たしか「無色透明」というようなことをおっしゃっていたこと

を思い出します。その伝でいえば、同じ無記でも、有覆無記の第七末那識は、無色なのだけれども、なにかどろんとしている。あるいは、透明感に欠けるということでしょうか。それはともかく、第八阿頼耶識の性質は無覆無記で、それはいわば無色透明——。この無色透明のイメージは、阿頼耶識という心の深層領域を考える場合、大きな手がかりになるのではないかと思います。

いずれにせよ、私たちの過去の善・不善の行為は、さきの唯識フレーズでいえば、「現行熏種子」のメカニズムによって、第八阿頼耶識にその情報を植えつけます。阿頼耶識という心の深層領域は、そうした種子群を抱えながら、現在の一瞬々々、私たちを根底から支えており、そういう阿頼耶識そのものの性質は、無覆無記です。

しかし、その阿頼耶識から主に第六意識に転変する局面、つまり、唯識フレーズでいえば「種子生現行」の状況で、再び善・不善の問題が浮上してくるのです。むろん、そこには第七末那識の自己中心性のささやきが加わります。そして、そうした状況の中で、〈私〉というか、(当面の)自己たる第六意識の悩ましい日常が営まれるのですね。——心の世界。と、一口にいいますが、なんとも複雑怪奇です。しかし、そうしたところに、「人間」のいわく言いがたい魅力が感じられます。

第一四話　鯊釣《はぜつり》の並びてひとりひとりかな

今井千鶴子

同じように並んで、釣りをしている人たち——。そんな光景を遠くから見れば、皆同じような身なりだし、つい十把ひとからげにしたい気持ちが湧いてきます。が、もとより一人ひとりの人間には、それぞれの世界があり・宇宙があるのですね。

唯識では、そのことを「人人唯識《にんにんゆいしき》」といいます。それぞれの世界は、そのそれぞれの人の心（とくに、その大本《おおもと》の第八阿頼耶識）が造り出したものだという意味です。だから皆、いろいろと違いがあり、誰もがそれなりに個性的、イヤ、大いに個性的な存在なのですね。もちろん、他者と共通する部分もありますが、大本が違えば、それが描き出す世界も当然、相異するわけです。

唯識仏教が大切にする経典の一つに『華厳経《けごんぎょう》』がありますが、その唯心偈《げ》に、

心如工画師（心は、工《たく》みなる画師のごとし）

というよく知られた一句があり、また、

一切従心転（一切は、心より転ずる）

とも述べられています。これらの意味は、もう解説するまでもないと思います。社会環境が、そこに帰属する人の意識を規定するという側面もあるでしょうが、第一義的には、そして、最終的には、私たちの心（前五識・第六意識・第七末那識・第八阿頼耶識）こそが、〈私〉とその世界を規定し、〈私〉の自画像を描き・〈私〉を取り巻く世界を独自のタッチで描き出す――。これが、唯識の考え方です。

そして、そこに描き出されたものは、〈私〉そのものでもないし、世界そのものでもありません。場合によっては、「無い」ものを「有る」ものと思って、それを描きこむことだってあるでしょう。こうした心のはたらきが「能変《のうへん》」で、その能変によって認識の対象（この場合は、〈私〉であり、〈私〉を取り巻く世界）をさまざまに加工し色づけするのです。そういう能変の心は、まるで腕の立つ画家のようにどのようにでも描く、というのが「心如工画師」という、古来有名な一句なのですね。

こうした能変に三層あること（三能変）は、すでに第五話や第六話、また、第一二話でも学びましたが、ここでは、もう少し包括的に復習してみたいと思います。

認識の対象をそれそのものと真正に認識することができるのは、いわゆる覚《さとり》の境地です。仏道とは、その覚の境地への道程に他なりませんが、覚に至るまでは、なにかと生の執着にからまれて、認識対象をそれそのもののスガタにおいて捉えることができません。こんにちただ今、私たちは自己の八識に基づいて、あれを認め・これを知って、日常世界を営んでいます。そうした八識を、日常生活という現場にとりあえず近い順に示せば、

前五識・第六意識
第七末那識
第八阿頼耶識

と、なりますね。そして、次に示すように、覚の境地では、これら八識はそれぞれ、ものごとやことがらを真正なスガタにおいて認め、かつ、その本質を洞察する智慧（四智《しち》）に転換すると考えられています。

前五識 ──→ 成所作智《じょうしょさち》

第六意識 ──→ 妙観察智《みょうかんざっち》
第七末那識 ──→ 平等性智《びょうどうしょうち》
第八阿頼耶識 → 大円鏡智《だいえんきょうち》

これが、第九話でもお話しました「転識得智《てんじきとくち》」で、まさに覚の内容そのもの、唯識仏教の目標です。ただ、このことは、いわば仏道の極みです。それまでの長い道のりは依然、八識による日常で、認識の対象をさまざまに加工し・色づけし、あるいはデフォルメし、さらには、有ったほうがよさそうだからと無いものを付加するなどし、そうした識所変のものごと・ことがらを、──ああダ・こうダ。と、けたたましく言い募っている。それが、私たちの日常のありさまということになりましょうか。

そういう加工・色づけ、あるいは変形などの能変ですが、それを整理したのが「三能変」で、

第八阿頼耶識による「初能変《しょのうへん》」
第七末那識による「第二能変《だいにのうへん》」
第六意識・前五識による「第三能変《だいさんのうへん》」

という三層にわたるものですが、この順序に注目したいと思います。つまり、日常生活の現場

に密着してはたらく意識的・自覚的な五感覚の前五識や、（当面の）自己たる第六意識が、まず最初に認識対象を能変するのではないということです。

いの一番に、ものごとやことがらを能変するのは、心の深層領域の第八阿頼耶識であり、同じく心の深いところから自己中心性をささやいて止まない第七末那識なのですね。心の奥深いところから、つまり、〈私〉の過去の行動情報群と執拗な自己中心性が、まず能変へと動き、その上で、意識的・自覚的なレベルでの能変が加わる──。こういえば、なにか悲観的な気分になりそうですね。しかし、自覚的に変革できる第六意識の、こんにちただ今のはたらきの情報も当然、阿頼耶識に熏習されるのですから、そこに意を用いて漸進、善き種子《しゅうじ》の微増の努力こそ、私たちに求められているのだと思います。

前五識の感覚能力という個体的条件は、有根身《うこんじん》（肉体）の問題ですから、その制約はなんともしがたいですが、一方、知・情・意を司る第六意識のはたらきは、これを自覚的に助長と制御を繰りかえすことによって、問題意識の有無・濃淡、視野の拡大、論理の柔軟、好悪の感情の制御ないし調整、そして、善き行為を継続する堅固な意志──。心の深層領域には、私たちは直接手を入れて改変することはできませんが、（当面の）自己たる第六意識のはたらきは自覚的なので、どのようにでもコントロール可能なのだということを、ここで改めて肝に銘じたいと思います。

このように、私たちがそれぞれみている世界は、人さまざま――。まさにタイトルに掲げた句のように「ひとりひとり」の世界ですが、それにやや光景が似ているものに、風天こと渥美清さんの、

お遍路が一列に行く虹の中

という句があります。四国八十八ヶ所のお寺を経めぐるお遍路さんの一行ですね。お遍路といえば、私には菜の花が咲く中を行く光景が浮びますが、この句は「虹の中」です。虹には瑞兆の意味があると思われますので、「一列に行く」のは、皆共《みなとも》に仏の世界にまっしぐら、という感じですね。この「一列に行く」という中七、なにやら没個性の感なきにしもあらずですが、そう見えて人それぞれ、皆なかなかどうして個性的に輝いています。「虹」とは、その一人ひとりの輝きが虹となっているということかもしれません。いずれにせよ、人はさまざま――。そこに、人間関係の喜ばしさと煩わしさが相半ばしつつも、なお興味深いものを感じます。

ところで、先の第二話で、人の心はちょうど、蕪村の句にもある「田毎《たごと》の月」の田面《たおも》の一枚々々だと述べ、そして、そこに映る月の意味は皆違うのだということをお話したと思います。この点、漱石の句に、

柿の葉や一つ一つに月の影

というのがあります。同じような結構の句ですね。月の光は一様に柿の葉に射すのですが、それをうけて、葉っぱも同じように艶があるわけではない……、ということですね。

このように、同じものでも認識する側の個体的条件の違いによって、意味もまた異なることを、唯識仏教では古来、「一水四見《いっすいしけん》」の喩えで学んできました。その喩えは、人間にとっての水も、魚は栖《すみか》と思い、餓鬼はその過去（の行為）の報いで、水も火と化して飲むことができない。他方、天人は身が軽やかなので、瑠璃《るり》（青色の宝石）の大地を行くがごとく、その上を歩くことができるという喩えです。

なお、この一水四見の喩えを、唯識学修の興福寺ゆかりの猿沢池を詠んで、

手を打てば鯉は餌《え》と聞き鳥は逃げ　女中は茶と聞く猿沢の池

と例歌にしたものもあります。作者は誰かわかりませんが、おそらく近世末か近代に入ってからの作かと思います。いずれにせよ、手を打つという単純な動作（によって生じた音）も、それを聞く立場によって、意味が異なるということをわかり易く詠んだものです。

これに類する近年の俳句に、

蛇のゐて視る子逃げる子石打つ子　　高石昌魚

というのもあります。俳句にしても短歌にしても短詩型なので、四見をカバーしきれず、どれも三つの反応になっていますが、人人唯識の、人それぞれという趣旨は充分に伝わってきます。

以上、十四話にわたって、唯識仏教が明らかにした私たちの心について、粗々お話してきました。唯識とは「唯《ただ》、識のみ」、私たち一人ひとりがみている世界は、他ならぬ私たち一人ひとりの心（前五識・第六意識・第七末那識、そして、それらの発出元の第八阿頼耶識）によって能変されたもので、世界そのものではないのです。

今まで歩いてきた私たち一人ひとりの経験や体験、あるいは、現在の問題意識の有無、問題意識があってもその濃淡によって、見えてくるものに違いがあるでしょう。尾崎放哉の句に、

お祭り赤ン坊寝てゐる

というのがあります。お祭りの意義を知り、また、その賑わいを楽しみにしている大人や子どもたちと、意義も知らず・楽しみでもない者の住む世界の相異――。そのことが、眠りこける

赤ん坊によって、効果的に引き出されています。

また、目前のことがらが、自分にとって好都合なのか・不都合なのかによっても、その意味が違ってきます。そして、好悪の感情も、正しかるべき判断を大きく誤らせもします。人生の意義を知り、その目標を大きく掲げる人と、その日暮らしの人とでは、生きる世界がそもそも違うのです。

新年はけだし心のなかのこと　小沢昭一

という句があります。新年を迎えると、なにもかもが改まったような気もします。しかし、それは、そう心に思うだけで、その伝、というか、唯識仏教から物申せば、なにも新年に限ったことではないでしょう。ですから「新年は」は、「なにごとも」とすべきで、

なにごともけだし心のなかのこと　唯識子

と、これでは季語がなく俳句とはいえませんが、本歌取りさせてもらって、「俳句で学ぶ唯識」Ⅰ部・Ⅱ部を閉じたいと思います。

Ⅲ　求める心――分別をこえて

第一五話　隣の家に蔵が建ちゃわしゃ腹が立つ　古川柳

私たちは、好むと好まざるとにかかわらず、社会の中に暮らしており、また、さまざまな人間関係を結びながら日常生活を営んでいます。私たちの日本では、かつて長い間、多くの人々が中流を意識しつつ暮らしていましたが、今や誰がみても格差社会となりました。しかし、社会の構造やその実態がどのように変化しようが、人の営みの基本は、そう簡単に変わるものではありません。

その最たるものは、おそらく自他の比較だと思います。私たちは、何につけても他者と（その多くは無意識に、でしょうが）比較し、そうした状況のなかで自分というものをイメージしています。それが、私たちのいつわらざる日常でしょう。そういう日常では、人間関係が濃密であればあるほど、うわべはともかく、内心というか、気持ちがどうしてもギクシャクしてしまいます。そのあたりを見事に言ってのけたのが、タイトルに掲げた古川柳です。

この川柳の説明はほとんど不要ですが、とにかく、経済的にほぼ同じかと思っていた隣家に突如、立派な蔵が建ったのです。今風にいえば、アッと驚くような値の張る高級車の購入でしょうか。いずれにせよ、これではどうみても、お隣が上・わが家は下です。今の今までほぼ同じ、イヤ、場合によっては、――ウチのほうがちょっと上かも。なぞと思っていたのですから、おのずから腹立たしい気持ちにもなりますね。しかし、だからといって隣家に、――けしからん。と、怒鳴りこむわけにもいきません。その腹立たしさは、おのずから陰鬱な気分となって胸のあたりに漂い、実に気分が悪い。こういう気持ちの行きつく先は、――あんなヤツは、いないほうがいい……。という黒い心でしょうか。それに、嫉妬の気持ちも、じわじわと出てくるでしょう。

こういう心のはたらきは、第四話で一覧した心所リストでいえば、煩悩グループの「瞋《しん》(いかり、排除する)」の心所《しんじょ》と、随煩悩グループの「嫉《しつ》(ねたむ)」の心所です(なお、自他を比較して、自分が上だと思う場合は一般的に、「慢《まん》(自己を恃《たの》み、他をあなどる)」の心所が表出します)。

ところが、です。そうこうしている内に、どういう事情か、お隣の経済が立ち行かなくなり、立派な蔵もろとも隣家が売りに出されたのです。隣家に蔵が建ってからというもの、下位に甘んずる他なく、ずっと陰々滅々だった日々、そんな気分もスカッと晴れました。そういう気持ちが、

あなうれし隣の蔵が売られゆく

という、これも古川柳の一句になっています。「あなうれし」は、いうまでもなく、「たとえようもなく、うれしい」気持ちです。元来、この二つの川柳は別々のものですが、セットとして考えると、より効果的というか、私たちが住む比較相対の世界、また、そうした日常におけるその時々の気持ちのゆらぎが、手に取るようにわかります。

ところで、これら二つの川柳ですが、お隣という他者が経済的に良くなったり・立ち行かなくなったりしていて、それにつれて、こちらの〈私〉が腹を立てたり・溜飲を下げたりしている。他者の浮き沈みに、こちらの快・不快が連動しているのですね。いってみれば、他者の動向に左右されて、〈私〉が動揺しているにすぎない。なにかといえば、「自己」の確立などといいますが、これでは、そのどこに誇れる「自己」があるのか、と言いたくもなります。いってみれば、イニシアティブはお隣という他者のほうにあり、こちらの〈私〉は、それに操られているにすぎない——。自己の主体性とやらは、いったいどこへいったのか、と言わねばなりませんね。

こうした自他の比較は、社会の中・人間関係のさ中で暮らす私たちのほとんど習性みたいなもので、社会生活におけるある種の道具ですが、不用意に使えば自己の喪失につながる、と知るべきでしょう。しかし、そうはいっても、とかく他人のことが気になって仕方ありません。

この点で、俳句でいえば、

秋深き隣は何をする人ぞ　　松尾芭蕉

という名句が想起されますね。誰もが知っている句ですが、大概は意味をはき違えており、この句を正確に理解することは難しいようです。本書では今まで、さまざまな句を唯識の理解のために意図的に取り上げてきましたので、このあたりで、俳聖芭蕉に敬意を表したいと思います。折よく、著者の親しい友人が、月刊誌に掲載された長谷川櫂氏の「隣にいるのは誰か」(「図書」二〇二〇年五月号)という重厚な一文のあることを教えてくれました。その要点部分を、ちょっと長いですが、次に引用させてもらいます。

元禄七年(一六九四年)秋の大坂に戻ろう。

秋深き隣は何をする人ぞ　　芭蕉

亡くなる十日ほど前、九月二十八日の句である。「秋深し隣は」と覚えている人もいるが、それだと、秋も深まった。隣の人は何をしているんだろうという意味になる。さらに何をしていようが自分には関係ないという殺伐たる俗解まで生むことになる。

「秋深き隣」はこれとまったく異なる。秋の深みにしんと静かにいる隣の人よ。物音一つたてず、何をしているのかと、病に伏せりながら晩秋の静寂の奥を探っている。「し」と「き」、一字の違いで俳句の解釈はこれほど違ってしまう。

〔中略〕

しかしこの句を詠んだとき、芭蕉はまだ本町にあった弟子の之道《しどう》の家にいた。本町は船場の真ん中、近江商人たちが作った町で昔も今も大坂の商いの心臓である。之道は薬種商だった。

当時の大坂は舟の行き来する運河の町である。船場は四方を運河で仕切られた長方形の町で、その西境、西横堀川から東に入った町中に之道の家はあった。

病に倒れて之道宅の奥座敷に横たわっていると、あたりはひっそり静まっている。その静寂の向こうに耳を澄ますと船場の町の賑わいがかすかに響いてくる。幻のようなその音に聞き入るうちに不思議なことが起こった。

それは五年前の夏、『おくのほそ道』の旅の途上、立石寺の岩山の上で、

閑さや岩にしみ入る蝉の声

この句ができたときと似ていた。岩にしみ入るほど、しんしんと鳴きしきる蝉の声を聞くうちに、芭蕉は現実の世界をふっと忘れて天地に満ちる宇宙の静寂に包まれるような気がした。それがこの句の「閑さや」だった。

あるいは八年前の春、江戸深川の芭蕉庵で句を案じていたとき、どこからか蛙が水に飛

び込む音が聞こえて、

古池や蛙飛こむ水のおと

そう詠んだときも同じだった。あのとき芭蕉の心に浮かんだぼおっとした静寂のかたまり、それが古池だった。

町中の座敷に横たわる芭蕉の身にそれと同じことが起きていた。遠くに聞こえる荷車の音、舟の艪のきしみ、人々のざわめきに耳を傾けるうち、また永遠の静寂を見つけてしまったのだ。その静寂こそが「秋深き隣」だった。

何光年も離れたはるかな宇宙空間に浮かぶ白い部屋。その「秋深き隣」にはいったい誰がいたのか。「何をする人ぞ」の人とは誰なのか。芭蕉はこのとき、遠からず自分に訪れようとしている死がそこにそっとたたずんでいるのを知ってしまったのではなかったか。

〔中略〕

芭蕉は死の姿を見たわけではない。死の気配を感じただけである。だからこそ「隣」なのだ。そこに存在しているのに壁や襖や塀に隔てられて見えない場所、それが「隣」。深い言葉である。（カッコ内・傍点、引用者）

「秋深き隣」にある死の気配、それは苦というよりも、むしろ、いずれは同化していく、あるいは、同化したい永遠なる静寂の世界なのですね。それは、あるいは、このあと第一七話で取り上げる涅槃《ねはん》といわれるものをイメージしてもいいのかもしれません。長谷川櫂氏の深い教示に接し、ひじょうにありがたく思います。

しかし、その上で、ここでは「し」と「き」の一字違いの大違い――、あえて「秋深し」と誤読し、私たちの日常世界における自他の比較のすさまじさ、そこから生じる不必要な心のゆらぎに注目し、他でもなく自らが招く心のそうした動揺をいかに防ぐか。そこに意を用いたいと思います。

第八話で取り上げましたものに、

にくい顔思ひ出し石ころをける

という尾崎放哉の句があり、また、

夾竹桃しんかんたるに人をにくむ

という加藤楸邨の句がありました。私たちの「瞋《しん》（いかり、排除する）」や、それに基づく「嫉《しっ》（ねたむ）」などの心所《しんじょ》は、いったんは収束しても、つまり、心の深層領域に沈潜しても、終息したわけでなく、なにかのキッカケ（縁）を得れば、再び表面心の第六意識のはたらきとして浮上します。

先に学びました唯識フレーズの、

種子生現行、現行熏種子、三法展転、因果同時

ですね。第八阿頼耶識中に植えつけられた種子（この場合は、瞋という心のはたらきの情報にして、また類似の行為を生む潜勢力）が、再び現実の行為（現行）となるからです。

日常なにかと忙しい時は、眼前の仕事に忙殺されて、快も不快も、あるいは、幸も不幸も、意外に心の表面に浮上してきません。注意すべきは、むしろ閑静なひとときかもしれません。それこそ、不意に「にくい顔」が思い出される――。放哉はそれに泥《なず》んで、たまたまそこにあった石ころを蹴ったのです。しかし、それで嫌な気分が雲散霧消したかどうか――。

夾竹桃の句も、いかにもそうです。「しんかんたる」状況の下、ふと「ひとをにくむ」。「森閑（深閑）」とは、物音一つせず、ひっそりと静まりかえったさまです。そういう時、心を静めるには、うってつけ、のはずです。しかし、実はそうではなく、せっかくの静寂なのに、あろうことか、黒い心の出番となるのです。そして、不意に心の表面に浮んできた不善の心は、それを追い払おうとすればするほど、それに泥んでしまいます。

そうではなく、場面をさっと切り替える――。そういう心のトレーニングが、むしろ効果的

なように思います。その点で、

ひとりになりたき庭の草を取る　　高橋富久子

という句に目が止ります。今、べつに庭に下りて雑草など取らなくてもいいのですが、相手と話していて、言わなくてもいいことを言ってしまいそうな雰囲気だったのでしょうか。そんな時、さっと場面を切り替えて、雑草をぬくという単純な動作に集中すれば、無用な苛立ちをおぼえず、むしろ、心のやすらぎを得る、それこそキッカケにもなるのではないかと思います。「庭の草を取る」ことに没頭することによって、「なりたき」「ひとりに」なれるのですね。総じていえば、

人のこと心にとめぬ故涼し　　後藤夜半

でしょうか。これができれば、文字通り、人生の巧者です。むろん、すぐできるというものではありません。しかし、冒頭で一見しましたように、自他を比較し・他者の動向にばかり気づかっていると、ついには主客転倒のざまとなるは必定です。独善というか、自分勝手な振舞いも困りますが、なにかと他人にイニシアティブを握られているというのも、どうかと思います。

社会性と主体性、この二つのバランスをどのようにとっていくのかが、問われています。こうした心のコントロールは、もとより自覚的な第六意識の問題ですので、できないわけはない――。いろいろと工夫してみたいと思います。

なお、漱石に、

世をすてて太古に似たり市《まち》の内

という句があります。これは、陶淵明《とうえんめい》の漢詩「飲酒」（其の五）の冒頭、

結盧在人境　盧《いおり》を結びて人境《じんきょう》に在り、
而無車馬喧　而《しか》も車馬の喧《かしま》しきなし。
問君何能爾　君に問う、何ぞ能《よ》く爾《しか》ると、
心遠地自偏　心遠ければ地《ち》自ずから偏《へん》なり。

を踏まえたものです。「心遠ければ」とは、いうまでもなく、――名利《みょうり》みたいなもの、きれいさっぱり捨てた。と、いう意味です。名利とは、名聞《みょうもん》と利養です。名聞は、自分の名前が広く世間に広まること。いわば名誉欲ですね。一方、利養は、実利にうるおうこと。なんのこと

はない、名利とは、名も実もほしいという世俗の欲望です。——名を捨てて実を取る。なぞといいますが、大体はウソですね。
それはともかく、いずれにせよ、そんなものに執着せず、イヤ、それらをむしろ率先放り捨てれば、なにかと騒々しい世間もまた、太古にも似て静寂そのものだというのです。まったく、なのですね。

なにごともけだし心のなかのこと　唯識子

＊コラム⑤　心まで着ぶくれをるが厭わるる

相生垣瓜人

日常生活というものを、一口に言ってのけるのは、意外に難題です。とりあえず思いつくのは、習慣の塊りというか、習慣の連続性というか……。たしかに大体の場面は、さまざまな習慣の範囲の中で推移して、一日が暮れていきます。

第一一話や第一二話でもふれましたが、現代科学の調査・研究によれば、私たちが一日におこす想念は約六万個で、しかも、その九十五パーセントは昨日と同じだといわれます。誇るべき習慣性というか、恐るべき習慣性というか、いずれにせよ、激動の時代だとはいえ、私たちの日常は、ほとんど手慣れた習慣の世界にあります。

そうした中、私たちはなにかにつけ、ものごとを二つに分別《ぶんべつ》し、その一方をしげしげと見つめ、他方をスルーする――。私たちの日常生活は、いってみれば、そういうことになるのではないかと思います。

インドの学僧無著《むじゃく》と世親《せしん》が唯識仏教を大成したのは五世紀ですが、それをさかのぼること二百年、三世紀の中国では、いわゆる竹林《ちくりん》七賢の頭目・阮籍《げんせき》が強烈な個性を発揮して暮していました。阮籍は隠者ですが、面会にやってくる世人に会わないわけでなく、ちゃんと会ったといわれています。もっとも、その面会ぶりは実にユニークでした。そのあたりの様子を、

吉川幸次郎氏の阮籍伝は、

かれはまず世俗の人間を、完全に蔑視した。といって、世俗の人間と顔をあわさず、世俗から逃避するという形で、世俗を蔑視したのではない。俗物どもをも引見することはする。ただ俗物どもとあうときは、白眼《はくがん》を以って対し、同志の士には、青眼《せいがん》を以ってあう。彼の眼球は、特別な運動をしたらしく、『晋書《しんじょ》』の阮籍伝には、「能《よ》く青白眼を為す」と記されている。清《しん》の胡承珙《こしょうきょう》の解釈によれば、白眼とは、うわ目を使ってあらぬ方を見ることであり、青眼の方は普通の目つきであるという。

と記しています（『阮籍の「詠懐詩」について』岩波文庫）。乱暴に要約すれば、気に入らないヤツは、顔は正面を向きつつも白目《しろめ》をむいて見ない。一方、同じ志しの人は「愛《う》いやつ」で、まさに青眼の構えでまじまじと見つめるというわけです。

白眼視の語はこの逸話が起源ですが、それはともかく、世俗ぷんぷんの人と脱俗の志しある人を分別《ぶんべつ》しているわけで、竹林の賢人かなにか知りませんが、ものの見方や人をみる目の構造は、それ自体、私たちとなんら変わりません。

この点、仏教の創唱者釈尊は、在世当時の人たちから「サッカ（釈迦）よ、あまねく見る人よ」と呼ばれていたように（中村 元／訳『ブッダのことば――スッタニパータ』岩波文庫）、ものごとを分別でなく包括的に捉え、たとえば、愛と憎しみという怨親《おんしん》の対立を捨て、

「怨親平等」へと導く道を確立しました。

阮籍さんの青白眼の使い分けは、面会者の世俗性や脱俗の志しの有無によるものではありましたが、そこは竹林の賢人だけに、自身の生活信条として世俗性を拒み、清楚な日常を心がけました。

この点、私たちも同じように分別の見方をしていますが、違うところは、世俗の中にとっぷりと浸っていることでしょう。そして、その世俗を彩るものは、「物と心」と分別しながらも、物であり心のあり方の両方におよぶのですね。

日本社会では昭和四十年（一九六五）代すでに、――物はもういい。豚に食わすほどある。これからは、心だ。という風潮でした。しかし、物と心を分別して、「これからは、心だ」というその心は、結局育ちませんでした。理由は簡単明瞭で、いうところの心は、物を大切にすることで育まれるものだからです。

しかも、――物はもういい。と、言いつつ新製品が出れば、いままで使っていた物を惜しげもなく捨て・新しいモデルに買い替え、ひたすら利便性の追求に明け暮れてきました。心はその結果、ものの見事に豊かにはなるどころか、荒《すさ》んでいきました。物と心を分けてはダメで、物を愛おしく思う中にこそ、心がしっとりと潤うのです。そうでなく、物をぞんざいに扱えば、その内、人もぞんざいに扱うようになります。現実に、今の社会がそうなっています。

私たちの社会は、とにかく物が溢れていて、それを次々に求めるものですから、まさに着

ますね。

ぶくれ状態。――でも、問題は心の着ぶくれなのでは。と、タイトル句の作者が指摘しています。

どうひいき目にみても、私たちは、身も心もぶくぶくに着込んで身動きがとれない状況です。その着込んでいるものを「社会服」といったのは、たしかフォークナーなどアメリカ文学の研究や翻訳から晩年、タオイストになられた加島祥造さんでした。社会に暮らすかぎり、多少の服は着込まずにはおれませんが、それにしても「着ぶくれてはいけない」。

第一六話　真直《ます》ぐ往《ゆ》けと白痴が指しぬ秋の道　中村草田男

ものごとを二つに分別《ぶんべつ》し、その一方をしげしげと見、他方を軽くみたり・無視したりする――。私たちの日常を一口に述べれば、ほぼこういうことになるのではないですか。

その二つに仕分けるのを、とりあえず思いつくまま、左に掲げてみましょう。

自と他
愛と憎しみ（怨親《おんしん》）
善と不善（悪）
美と醜
有と無
右と左

上と下
強と弱
自然と人間
快と不快
要と不要
物と心
生と死
……

と、いくらでも思いつきますね。総じていえば、「好都合」と「不都合」に仕分けし、その上で、一方を執着し、他方を無視し・排除しようとする日常です。

これらのうち、最初にあげた「自と他」ですが、心の深層領域にうごめく第七末那識《まなしき》の自己中心性を指摘するまでもなく、私たちは誰もが自分中心にして自分ファーストです。しかし、そうでありながらも（先の第一五話でみたように）、現実には他律の悲哀を味わってもいますから、奇妙なことですね。それに、左右や上下また強弱なども、その基準になる値や軸をずらせば、右のものが左になり、上のものが下になるという代物《しろもの》です。そうしたことに振り回される日常というのも困ったものです。

また、善と不善（悪）と対立させて分別するのも一般的ですが、仏教では善でも悪でもない「無記」という性質を立てますから、善か悪かというような単純化された分別にばかり泥《なず》んでいては、具合がわるいでしょう。

儒教と道教そして仏教という東洋を代表する三つの思想に学んだ『菜根譚《さいこんたん》』（前集六七）に、

悪を為して人の知らんことを畏《おそ》るるは、悪中にもなお善路《ぜんろ》あり。善を為して人の知らんことを急にするは、善処《ぜんしょ》即ちこれ悪根《あっこん》なり。

（悪事をなして、人がそれを知ることを恐れる者は、悪事をなす中にもなお善に向かおうとする心がある。〔これに反して〕善行をなして、人が早くそれを知ってくれるようにと願う者の方が、善行の中にも悪に向かおうとする心があるものだ。――今井宇三郎／訳）

という一文があります。善や悪というのはそんなに簡単なものではなく、「悪中の善路・善処の悪根」というのもあるというのです。悪中の善路は説明不要ですが、善処の悪根は、善い行為への評価の問題がからんでいます。というのも、善い行為であればあるほど、私たちは、それに見合う評価を期待します。しかし、そうした評価が下されなかった場合、あるいは、過少評価や無視されたら、そこに心穏やかならざるものがこみ上げてくるのではないですか。もはや、それは悪の領域――。まさに、善処の悪根だというわけです。東洋思想では単純に、善だ悪だと分別しないのですね。

また、「自然と人間」の分別というかテーマの立て方も一般的ですが、実に問題の多い分別だと思います。自然というのは緑のイメージで、緑が少ない大都会などは、自然から遠いという認識です。しかし、「自然」をたとえば「宇宙」という語に置き換えれば、大都会であろうが何であろうが、すべてが宇宙の中でしょう。そうであれば、自然と人間という対立構造もおかしく、それをいうなら「自然の中の人間」ではないかと思います。

それに、「自然と人間」とはいえ、本音は「人間と自然」でしょう。つまり、人間にとって、自然はコントロール可能な対象だと思いたいわけです。たしかに自然の表面その皮一枚は、あるいはコントロールできるかもしれません。しかし、宇宙そのもの、大自然は、これを制御できない。そうであれば、「自然の中の人間」がどうあるべきか、そのことこそが問題なのだと思います。そういう意味からも、「自然と人間」という分別自体、はなはだ罪深いという他ありません。

罪深いといえば、「物と心」というのも、考えてみれば、問題の多い分別です。ほぼ昭和四十年（一九六五）以降ですが、「物はもう豊富にある、これからは心だ」というのが、日本社会の論調でした。そして、昨今もまた、「心の時代」だといわれています。

しかし、そういう心とは、何なのでしょう。物はもう豊富にある、次は、心を豊かにするのだというのでしょうが、実は、物を大切にし・愛《いと》おしんでこそ、いうところの心がしっとりと育まれていくのですね。しかし、私たちの日常はどうでしょうか。——心だ、心だ。といいながらも、新製品という物が出れば、今まで使っていた物を惜しげもなく捨てて、新しいのに買い替えるじゃないですか。そのどこに、心が育まれる契機があるのかと思います。そうして利便性の追求にあくせくするばかりでは、豊かな心が育つはずがないのです。

ところで、仏教語に、「貪《とん》・瞋《じん》・癡《ち》の三毒煩悩」というのがあります。煩悩という心所《しんじょ》（心のはたらき）はいろいろありますが、貪（貪欲）は「むさぼり、愛着」、瞋（瞋恚《しんに》）は「いかり、排除」、癡（愚癡）は「おろかさ」で、これら三つの心所が、なにかと私たちを煩わせ悩ませるものだという指摘です。

このように、これらはふつう「貪・瞋・癡」と並列的に取り上げられるのですが、実は、「癡」がもっとも根源的なもので、「貪」と「瞋」を下支えする構造になっています。

貪欲
瞋恚
愚癡

そして、この「癡（愚癡）」はまた「無明《むみょう》」ともいわれます。つまり、この世の、すべてのことがらを貫く道理に暗い、そういうおろかさだという意味です。その道理とは、たとえば「諸行無常」です。すべては常ならざるもの、すべては変化して止まないもの、あるいは、すべては変化のさ中にあると理解すべきものだという理《ことわり》です。

――そんなこと、事々しく言わずとも、百も承知だ。と、私たちは言いたくなりますね。しかし、私たちは、そのことを知識として知っているに過ぎないのではないですか。つまり、「この世のことは、なにごとも変化して止まないものだ」をいいながらも、私たちは、好都合なものはその状況が少しでも長く続くことを望むでしょう。好都合に継続を求め・不都合に変化を求めるのは、諸行無常の道理からすれば、完全に矛盾しています。私たちは、こうした矛盾を平気で、イヤ、むしろ当然のこととして受け止めています。つまり、そういう大いなる無明の中で、日常を営んでいるわけです。

貪・瞋・癡の三毒煩悩でいえば、おろかなる無明の中を、好都合ならば貪欲の心所が絡み・不都合ならば瞋恚が絡んで、いよいよ道理から外れていく……。それが、私たちの日常の有体《ありてい》です。

好都合 → 貪欲
　　　　　　　　愚癡（無明）
不都合 → 瞋恚

こうした状況をいかに打破するのか。それこそが唯識のみならず仏教の命題ですが、たとえば、『維摩経《ゆいまぎょう》』の第四章（光厳《こうごん》童子段）に披歴される維摩居士の道場観に、

捨《しゃ》、是《こ》れ道場なり。憎愛を断ずるがゆえに。

（捨ということを実践する——、そこが仏教の道場だ。なぜなら、捨とは、愛と憎しみを、ともに断つものだからだ。）

という一文があります。「捨」は「平等」と現代語訳される仏教語です。私たちの日常は愛と憎しみが交差する世界ですが、その両方を捨て去るところに、仏教精神の「怨親《おんしん》平等」が実現されていくのです。

さて、何事も二つに分別する日常では、そのどちらを選ぶかという当面の問題に煩わされることになります。漱石の、

路岐《みちわかれ》して何れか是《ぜ》なるわれもかう

という句はまさに、そのどちらの路を行くべきか、その悩ましい是非の判断を取り上げていま

す。もっとも、好都合と不都合なら是非におよばず、好都合の路《みち》でしょう。そして、――このまま好都合の状況でありますように。と、望むばかりですが、排除した不都合は、ほんとうに不都合なのかどうかは、また別の問題です。そのためでしょう、その後もひっきりなしに是非の判断が求められます。つまり、私たちはいつも、路岐したその前にいるのですね。しかし、堀口大學は「自らに」という四行詩で、

雨の日は雨を愛さう。
風の日は風を好まう。
晴れた日は散歩をしよう。
貧しくば心に富まう。

と述べ、自らに言い聞かせています。実に興味深い詩です。雨の日も風の日も、たしかに散歩には不都合というか、不向きな天候です。しかし、雨も佳《よ》し。風の日の、木の葉舞い散る風情もまた佳し。と、自らに言い聞かせて外出すれば、晴の日とはまた違った感興に与《あずか》るかもしれないのですね。いってみれば、世界が広がる――。晴れた日は、もとより颯爽と散歩です。そして、そういう日常こそ、豊かな心を育む一瞬々々なんだ、というのでしょう。
不都合を毛嫌いしない生活態度を、他でもない自分自身に言い聞かせているのですね。分別《ぶんべつ》

して、不都合を毛嫌いするのではなく・不都合をも包括していく、ということでしょうか。

そして、タイトルに掲げた句はもはや、そうした是非の判断ではなく、むしろ、是非の超越こそ、わが進むべき道だというのでしょう。是でもなく・非でもない、いわば第三の「真直ぐな道」があるだろう。お前には、それが見えないのか……。

――(右が是だから)右へ行け。――イヤ、(右は非だから)左へ行け。と、指図するのは、世間知に長けた、打てば響く、いわゆる世知弁聡《せちべんそう》の人ですね。どんなことでも理路整然とコメントし、一見それらしい是非判断をする人です。そして、そういう人からすれば、是でもなく非でもない第三の道なぞというものを示す人は、およそ理解できない――。世間知を超越しているので一見、頭のいかれた白痴にみえるのかもしれません。この白痴とは、たとえば、大愚良寛という時の「大愚」のニュアンスでしょうか。

いずれにしても、この草田男の一句「真直ぐ往け」は、日常的に是非判断にかまける者にとって、強烈なパンチという他ありません。是と非に分別するのではなく、それらを包括した大いなる道を真直ぐに往け、というのですね。そして、草田男は、そういう道について、

はたはたや退路絶たれて道初《はじ》まる

とも、詠っています。はたはたとは、蝗《ばった》のこと。追いつめられた蝗のように、私たちも、もう言い訳もなにもできない進退きわまった状況になってはじめて、是でも非でもない第三の道が見えてくるのでしょう。

ところで、私たちにとって、どうしても分別して考えたいことがあります。それは「生と死」です。もともと分別せずとも、「生」と「死」は別々のものだという思いがありますし、生と死とを分別して対立させたら、誰しも、それは「生」をとりますね。今はとにかく生きているのであり、死は生を否定するもの、死はいずれのことです。そして、そう思った瞬間、「死」は、私たちの視野から脱落してしまいます。そうした「死」というものを忘却した「生」の味は、どのようなものなのでしょうか。意外に薄味なのではないか。と、気づかせてくれるのが、斎藤史《ふみ》さんの次の短歌です。第七話でも取り上げましたが、生死の重厚な意味を担うものですので、再掲したいと思います。

死の側より照明《てら》せばことに輝きて　ひたくれなゐの生ならずやも

生の執着からいえば、死は不都合きわまるものでしょう。そこで、目を瞑《つむ》って、死はいずれのことだ、と先送りする。しかし、それでも死は、容赦なく近づいてきます。いうまでもなく、私たちは、生命を得たその瞬間から死に向って歩いているわけです。あるいは、死が少しづつ、そっと近づいているんですね。そうしたものを先送りするといっても、それはそう思っているだけのことです。そうではなく、死というものに目を逸らさず、イヤ、むしろ死の側から、いま生きているそのことを照らしてみる……。そうしたらなんと、今を生きるこの一瞬々々が「殊に輝いて」感じられるではないか。それはまさに、「ひたくれなゐの生」そのものです。「ひたくれなゐ」は、漢字で示せば「真紅」、まさに赤き血潮です。それが、ずしりと重厚に輝いているのです。

それを覚知《かくち》したこの歌人は、詠嘆の「も」で、深い感動を示しています。死はなるほど生を否定するものではありますが、同時に、生の意味を大きく問うものでもあるのですね。そうして問われた生の味は、まことに濃厚なのです。

この世で生を営む私たちにとって、この生と死の問題はもっとも根源的なものですが、不都合な死をいずれのこととして死を忘却し、そうすることによって、生を充実させようとしています。しかし、それでは生を充実させるどころか、傲慢な生を招くだけ。生を輝かそうと思えば、生を否定する死の側から見つめることだ。というのですね。

以上、私たちは、なにかにつけ二つに分別しては、その一方をしげしげと見つめ、他を顧みない日常をおくっているのですが、仏教による生活スタイルは、そのどちらでもないいわば第

三の道を模索する中に展開されるのだと思います。先に取り上げた『維摩経』の経文でいえば、

捨、是れ道場なり。憎愛を断ずるがゆえに。

ですね。愛と憎しみ、好都合と不都合――、つまりは、愛か憎しみか、好都合か不都合か――。その一方にすり寄り・他を顧みない世界に拘泥しているかぎり、私たちの悩みは永遠に解消されず、そして、むろんのこと、世界の本質もそのスガタを永遠に現わさないのです。仏教の創唱者釈尊は、ほぼ二千五百年前の在世当時、弟子たちや信奉する人たちにいみじくも、

サッカ（釈迦）よ、あまねく見る人よ。
……あなたはわれらの師です。
あなたはこの上ない方です。

と、呼びかけられました（中村元／訳『ブッダのことば――スッタニパータ』傍点・引用者）。この「あまねく見る」ことが、仏教の根幹なのですね。

第一七話　土不踏《つちふまず》ゆたかに涅槃《ねはん》し給へり　川端茅舎

涅槃とは、いうまでもなく、仏教のもっとも重要なことがらで、仏道修行のまさに目標となる境地です。今からおよそ二千五百年前、仏教の創唱者釈尊が見い出された、安楽にして寂《じゃく》静《じょう》の境地です。

後世、その境地をめぐってさまざまに解釈され、複雑な教説になりましたが、古くは簡素に、「貪《とん》の滅《めつ》、瞋《しん》の滅、癡《ち》の滅」の境地だと説かれました。貪（むさぼり）・瞋（いかり）・癡（おろかさ）は、直前の第一六話で話題になりました三毒煩悩ですね。涅槃は本来、それらが滅除された境地というか状況のことです。

このようにいえば、なんとなく不安定で厄介な情緒がおさまって心静かになったイメージですが、実は、そこには知的なはたらきがあり、それを忘れてはならない――。というか、覚《さとり》の智慧（四智《しち》。第九話や第一四話でお話しました）によって明らかにされた、私たちの日常世界の本質といういうきわめて重要な側面があるのです。

その、覚の智慧によって明らかにされた現象世界の本質を、仏教では「真如《しんにょ》」、あるいは、単に「如」といいます。真理とか真実の意味ですが、この覚の智慧をもって、すべてを見通された釈尊は、自らを「如来《にょらい》」と称されたと伝えられています。「如来」とは「(真)如から来た者」の意味で、釈尊自身、智慧という覚の中核を強く自覚されていたことがわかります。

釈尊の生存年代については、仏教学に仏滅年代論という研究テーマがあり、現在、有力な二つの学説が拮抗しています。それら両説にはおよそ百年の差があり、なかなか埋められないようです。そこで、一般的には、およそ二千五百年前という他ないのですが、ただ、仏教の世界では、釈尊が二十九歳で出家し六年の苦行の後、三十五歳で成道《じょうどう》(覚の境地に至る)。そしてその後、四十五年の長きにわたって主にガンジス河中流域を遊行《ゆぎょう》(伝道)し、八十歳の二月十五日夜半に入滅されたという生涯の事跡については、ほとんど異論がありません。また、入滅の二月十五日や成道の十二月八日、さらには生誕の四月八日という日付も、異論なく承認されています。

これらの日付はいうまでもなく、当時のインドで行なわれていた暦によるものですが、どういう暦なのかは、よくわかっていません。そこで、それらの日付をそのまま私たちが現在使っている太陽暦に落として、四月八日に仏生会《ぶっしょうえ》(お花まつり)を催し、釈迦生誕をお祝いします。また、二月十五日に八十歳の生涯を閉じられたのを「お涅槃」と呼び習わし、その日、ほとん

涅槃図（興福寺蔵・部分）

どの寺院でそれぞれの涅槃図を奉懸。そして、香華《こうげ》供養し、「涅槃」の意味や意義をしのぶよすがにしています。

さて、タイトルに掲げた句の「涅槃し給へり」ですが、主語はいうまでもなく、釈尊入滅の二月十五日に奉懸される涅槃図の、中央に横臥されるお釈迦さまのことです。そして、そのまわりに、釈尊が入滅されると聞きつけて集って来た神々や直弟子たち、あるいは、信奉する在俗の人々、さらには、動物や鳥類、また、爬虫類や昆虫などが、ところ狭しと画きこまれています。それらのうち、特に神々や弟子たち、在俗の人たちは皆、一様に悲しみの表情をしています。中には、悲しみのあまり動転してしまい、身体を地に投げ出している人もいます。そうした群像の中、図の中央に大きく画かれた釈尊だけが静かな表情です。これにかんして、子規に、

涅槃像仏《ほとけ》一人が笑ひけり

という句があります。微かに笑みを浮かべたかにみえる画像はありますが、「(仏一人が)笑ひけり」というのは、ちょっと、イヤ、いささかならず言い過ぎでしょう。一般に、涅槃図は仏滅を悲しむ図柄と理解されていますので、この表現は衝撃的です。

子規の句は写生といわれますが、この「仏一人が笑ひけり」は、その写生ともいえない——。

もっとも、子規は、近代知識人にありがちな気概からでしょうか、宗教には冷淡で、たとえば、「宗教を信ぜぬ余」（『病牀六尺』四十）なぞと公言していました。コラム②で取り上げた「無著天親其外《そのた》の仏秋の風」という句の、「其外の仏」という言葉遣いにも、冷ややかなものを感じますが、この涅槃像云々の句も、中央に横たわる釈尊の穏やかな表情とそのまわりの群衆の悲しみの表情のちぐはぐ感を、やや、イヤ、大いに皮肉をこめて句作したのでしょうか。

いずれにせよ、仏教徒として、この「涅槃像仏一人が笑ひけり」は、少なからず呑みこみ難い句ではあります。その点、タイトルに掲げたように、川端茅舎《ぼうしゃ》は、

土不踏ゆたかに涅槃し給へり

と詠みました。ゆたかな土不踏《つちふまず》とは、いわゆる相好《そうごう》の一つで、涅槃図でも、釈尊の足元にいる人物が、そうした仏足にそっと触っていますね。相好とは三十二相八十種好《さんじゅうにそうはちじゅうしゅごう》のことで、覚《さとり》をひらかれた仏陀は、ふつうの人とは異なる三十二の大きな身体的特徴と、それらに付随する八十の微細な身体的特徴をもつ、と古来、考えられています。

ちなみに、『大毘婆沙論《だいびばしゃろん》』に示される三十二相について、煩をいとわず示してみたいと思います（横山紘一『唯識 仏教辞典』春秋社）。

1 足《そく》下《げ》善《ぜん》住《じゅう》相《そう》（足の裏が平らで凹凸がない。大地の高下に随って等しく触れることができる）
2 足《そく》下《げ》千《せん》輻《ぷく》輪《りん》相《そう》（足の裏に千の輻からなる車輪の文様を具えている）
3 指《し》繊《せん》長《ちょう》相《そう》（手足の指が細長く光沢を帯びている）
4 足《そく》跟《こん》円《えん》長《ちょう》相《そう》（足のかかとが長く美しい）
5 手《しゅ》足《そく》細《さい》軟《なん》相《そう》（手と足が柔軟である）
6 手《しゅ》足《そく》網《もう》縵《まん》相《そう》（手と足の指の間に水掻きの膜がある）
7 足《そく》趺《ふ》端《たん》厚《こう》相《そう》（足の甲が美しく高く盛りあがっている）
8 瑿《えい》泥《ねい》耶《や》蹲《せん》相《そう》（鹿の足の如くに脛《すね》が繊細である）
9 勢《せい》峯《ぶ》蔵《ぞう》密《みつ》相《そう》（陰部が腹のなかに隠されている）
10 身《しん》分《ぶん》円《えん》満《まん》相《そう》（身体全体が均整がとれている）
11 身《しん》毛《もう》上《じょう》靡《び》相《そう》（身体の毛の端がすべて上に向いている）
12 孔《く》生《そう》一《いち》毛《もう》相《そう》（毛穴よりおのおの一つの毛が生じている）
13 身《しん》毛《もう》右《う》旋《せん》相《そう》（身体の毛がすべて右巻きに曲がっている）
14 身《しん》金《こん》色《じき》相《そう》（身体の皮膚が金色に輝いている）
15 常《じょう》光《こう》一《いち》尋《じん》相《そう》（身体より常に一尋の光明を発している）
16 皮《ひ》膚《ふ》細《さい》滑《こつ》相《そう》（身体の皮膚が細かくなめらかである）
17 七《しち》処《しょ》充《じゅう》満《まん》相《そう》（両手・両足・両肩・頂の七か所が豊満で隆起している）

18 身広洪直相《しんこうぐじきそう》（身の丈が高く真っ直ぐである）

19 師子上身相《ししじょうしんそう》（上半身がライオンのように堂々として立派である）

20 肩髆円満相《けんはくえんまんそう》（肩の肉が豊満である。力が強いことの象徴）

21 立手摩膝相《りゅうしゅましつそう》（立ったままで身を屈めなくても膝に手が届く）

22 師子頷輪相《ししがんりんそう》（あごの形が師子のごとくに厳めしい）

23 具四十歯相《ぐしじゅうしそう》（四十本の歯を有している）

24 歯斉平密相《しそうへいみつそう》（歯が皆な平らで整っていて一本の毛髪でも入るほどの隙間もない）

25 牙歯鮮白有光明相《げしせんびゃくうこうみょうそう》（歯が白い光りを放っている）

26 得最上味相《とくさいじょうみそう》（舌が清浄で食べたものを最上の味に変えることができる）

27 広長舌相《こうちょうぜつそう》（舌が広く薄く口から出すと顔を覆い耳の際まで至る）

28 目紺青相《もくこんじょうそう》（目のひとみが紺碧色である）

29 牛王睫相《ごおうしょうそう》（まつげが牛の王のように整って入り乱れていない）

30 烏瑟膩沙相《うしつにしゃそう》（頭の頂の肉がもとどり――髻――のように盛りあがっている）

31 眉間白毫相《みけんびゃくごうそう》（眉間に右に巻いた白い長い毛がある）

32 得梵音声相《とくぼんおんじょうそう》（カラビンカ鳥――羯羅頻迦――の声のごとく美しく優雅な音声を、あるいは帝釈天の鼓の音のような深遠な音声を発する）

こうした仏陀としての三十二の身体的特徴のなか、川端茅舎が注目したのは、幼い子どもの足のようにふっくらとした、(1)足下善住相と(7)足趺端厚相でした。仏足は甲もそうですが、足裏も、もう土踏まずともいえないような、肉が豊かに盛り上がっています。その土踏まずのゆたかさに、思わず自らを、仏足に触れている涅槃図中の人物に同化させ、仏涅槃《ぶつねはん》という境地を偲んだのだと思います。涅槃図を思い浮べながらこの句を吟ずると、茅舎の手に、ゆたかな土不踏のあたたかさが伝わっているのだな、という思いがします。

ちなみに、涅槃図の中で仏足に触れている人物は、古くは「接足作礼《せっそくさらい》する迦葉尊者《かしょう》」(釈尊入滅当時の一番弟子)ですが、時代が降ると、多くは「毘舎離城《びしゃりじょう》の老女」になっていくようです。この老女は、行き違いが続いて、なかなか釈尊に見《まみ》えることができなかったのですが、入滅まぎわに、ついに見仏聞法《けんぶつもんぼう》が叶ったという人です。その逸話を、恐らく川端茅舎は知っていたのだと思います。なお、毘舎離は、釈尊在世当時、ガンジス河中流域にあって栄えた商業都市バイシャリー(またはヴェサーリー)の音写です。

ところで、涅槃図は大概の寺院にありますので、伝存するその数はおびただしいですが、そのなか、もっとも古く、かつ、もっとも優れた作例は金剛峯寺所蔵の通称「応徳涅槃図」で、応徳三年(一〇八六)に画かれた国宝です。その後、概ね時代が降るにつれて、中央に横たわる釈尊を取りまく衆生《しゅじょう》(いのちあるものたち)、とくに動物や鳥などの数が増えていきます。た

とえば、漱石の句に、

里の子の猫加へけり涅槃像

というのがあります。涅槃図に画かれる動物はさまざまですが、一般に、猫を画きこんだ作例は珍しいといわれます。もっとも、比較的古い東福寺の涅槃図（一五世紀、室町時代）にはすでに猫が画かれていて、なぜか「魔除けの猫」といわれていますし、研究者によれば、大まかにみて現存する涅槃図の三割から四割程度の作例に、猫が画かれている由です。猫のいる涅槃図は珍しいという俗説の震源地は、あるいは、漱石のこの句なのかもしれません。

それはともかく、涅槃図の主役は、いうまでもなく中央に大きく画かれた釈尊で、微かに笑みを浮かべているかどうかはともかく、きわめて穏やかな表情をしています。こうした涅槃図は、ともかくも釈尊入滅の場面を画いたものですから、いってみれば、「悲しみの図柄」です。しかし、それにしても、涅槃図の中央に横臥する釈尊の表情そのものはあまりにも穏やかです。

そこで思うのですが、涅槃図はいちおう「悲しみの図柄」だとしても、画面中央に横たわる釈尊は、そもそも真如《しんにょ》（真理、真実）を覚知した超越的な存在です。つまり、そうした真如の造形的表現というか身体的表現と捉えるならば、そのまわりに衆生（いのちあるものたち）がそれぞれ居場所を得て、争うことなく穏やかに住み分けしている――。涅槃図は、そういう

「絶対平和の図柄」といえるのではないか。また、そのように受け止めてこその涅槃図ではないかと思うのです。

そうであれば、その一隅に居場所を得たいと思わずにはおれません。そして、座る余地はたしかにまだある――。それが、

座る余地まだ涅槃図の中にあり　平畑静塔

の句だと思います。そして、吉井勇もまた、また別の観点から、

寂しければ鳥獣蟲魚みな寄り来《こ》　かのありがたき涅槃図のごと

と、詠いました。川端茅舎の句にしろ平畑静塔の句にしろ、そして、吉井勇の短歌にしろ、真如の求心力というものを感じます。

追って、涅槃図には数多くのパロディーのあることでも知られています。たとえば、伊藤若冲《じゃくちゅう》の「果蔬《かそ》涅槃図」や英《はなぶさ》一蝶の「見立て業平《なりひら》涅槃図」、あるいは、河鍋暁斎の「松浦武四郎涅槃図」（「北海道人樹下午睡図」とも）などが有名ですが、俳聖芭蕉にも、画面中央に横臥

した「芭蕉涅槃図」の作例があります。沙羅双樹ならぬ（画面中央奥に描かれた）一本の太い樹に、編み笠と頭陀袋が吊るされているのが印象的です。なお、ここに取り上げた変わり涅槃図ですが、若冲以外は皆、何がしかの女性が、毘舎離城の老女よろしくそれぞれの主人公の御足に触れています。

多川俊映（たがわ・しゅんえい）
1947年　奈良に生まれる。
1969年　立命館大学文学部卒業。
1989年　興福寺貫首。
現　在　興福寺寺務老院、同寺菩提院住職。
著書に、『観音経のこころ』、『貞慶「愚迷発心集」を読む』、『唯識入門』、『奈良 風のまにまに』（以上春秋社）、『慈恩大師御影聚英』（編著、法蔵館）、『阿修羅を究める』（共著、小学館）、『旅の途中』（日本経済新聞出版社）、『合掌のカタチ』（平凡社）、『唯識とはなにか』（角川ソフィア文庫）、『興福寺のすべて』（共著、小学館）、『仏像 みる・みられる』（角川書店）など。

俳句で学ぶ唯識 超入門——わが心の構造
二〇二一年五月二〇日　第一刷発行
著　者　多川俊映
発行者　神田　明
発行所　株式会社春秋社
東京都千代田区外神田二—一八—六（〒一〇一—〇〇二一）
電話〇三—三二五五—九六一一
振替〇〇一八〇—六—二四八六一
https://www.shunjusha.co.jp/
印刷所　萩原印刷株式会社
装　幀　美柑和俊
定価はカバー等に表示してあります
 ISBN 978-4-393-13448-1

多川俊映

唯識入門

果てしない覚りへの探究は身の回りの生活を見つめることから始まる。深層心理を徹底的に考える「唯識」思想を平易に解説する仏教入門。『はじめての唯識』の改題、増補新版。　２２００円

多川俊映

奈良　風のまにまに

千三百年の歴史をほこる奈良・興福寺にまつわる逸話や文化、美術から、現代の社会問題にいたるまで、豊かな心のあり方とは何かを基調に、興福寺貫首が語る珠玉の七十六編。　２４２０円

横山紘一

唯識　仏教辞典

唯識思想を学ぶために必要な語句と、また広く仏教研究に必要な基礎的な要語を一五〇〇〇項目に及ぶ範囲で収録した、はじめての画期的な仏教辞典。　１６５００円

▼価格は税込（10％）